くらしの手帳

おとなとしてゆたかに生きるために

さぁ、いっしょに学《まな》びましょう!

【なかまのみなさんへ】

みなさんは「お勉強《べんきょう》」が好《す》きですか?学校《がっこう》に通《かよ》っている間《あいだ》や卒業《そつぎょう》したばかりの頃《ころ》は、「もう二度《にど》と勉強《べんきょう》なんてしたくない」なんて思《おも》った人《ひと》もたくさんいることと思《おも》います。でも、学校《がっこう》を卒業《そつぎょう》して、会社《かいしゃ》や作業所《さぎょうしょ》ではたらいたり、グループホームなどでのくらしをはじめたりすると、「あのとき、もっと勉強《べんきょう》しておけばなぁ」なんて思《おも》うことも多《おお》くあるのではないでしょうか。

みなさんが、「もっと勉強《べんきょう》したい!」と思《おも》うのであれば、だれかにやらされる「勉強《べんきょう》」ではなく、自分《じぶん》の意思《いし》で行《おこな》う「学《まな》び」をはじめてみませんか。なにを学《まな》びたいのか、ハッキリとわかる人《ひと》は、ぜひ、その学《まな》びからはじめてみましょう。でも、学《まな》びをはじめてみたいけれど、なにからやればいいのかわからないという人《ひと》は、ぜひ、この本《ほん》を使《つか》ってみてください。

この『くらしの手帳《てちょう》』という本《ほん》は、「くらす」「はたらく」「あそぶ」「お金《かね》」「性《せい》」という5つのテーマについて、みなさんが生活《せいかつ》していくうえで、特《とく》にたいせつなことだけを選《えら》んで、わかりやすく説明《せつめい》をしています。

「くらす」のページには、健康《けんこう》な生活《せいかつ》の第一歩《だいいっぽ》である、「よくねて、よく食《た》べて、よくだす（ウンコやオシッコをする）」ことについて書《か》かれています。「はたらく」のページには、はたらくとはどういうことか、そして、はたらくときに知《し》っておいてほしいことなどが書《か》かれています。「あそぶ」のページには、ひとりであそぶことと、なかまといっしょにあそぶことが書《か》かれています。
「お金《かね》」のページには、お金《かね》の使《つか》い方《かた》やお金《かね》を使《つか》うときに気《き》をつけることなどが書《か》かれています。
「性《せい》」のページには、あなた自身《じしん》とあなたのたいせつな人《ひと》の「こころ」と「からだ」と「いのち」について書《か》かれています。興味《きょうみ》のあるところから「学《まな》び」をはじめてみましょう。

ひとりで一生懸命《いっしょうけんめい》に学《まな》ぶこともたいせつですが、じつは、学《まな》ぶことは、ひとりでするよりも、なかまといっしょにワイワイと楽《たの》しくする方《ほう》がおもしろいものです。専攻科《せんこうか》や「学《まな》びの作業所《さぎょうしょ》」に通《かよ》っているみなさんは、いっしょに学《まな》ぶなかまが近《ちか》くにいますよね。それ以外《いがい》の方《かた》も、ぜひ、いっしょに学《まな》んでくれるなかまと、それを手伝《てつだ》ってくれる支援者《しえんしゃ》の方《かた》をさがして、みんなで楽《たの》しく学《まな》ぶ機会《きかい》をつくってみてはどうでしょうか。

「生涯学習《しょうがいがくしゅう》」という言葉《ことば》があります。人間《にんげん》は、生《い》きている限《かぎ》り、ずっと学《まな》びつづけていてよいということです。そして、それが人生《じんせい》を、よりゆたかに、より楽《たの》しくするものです。この本《ほん》が、そんな「学《まな》び」に出会《であ》うきっかけになればうれしいです。

【家族・支援者のみなさんへ】

この本で、ともに学んでもらうために

自立訓練（生活訓練）事業を活用した「学びの作業所」の取り組みや、作業所やグループホームなどで「学習の時間」を保障したり、地域で障害のある青年に向けた生涯学習の講座を用意したりなど、青年期以降の障害者の「学び」を保障する様々な実践が聞かれるようになりました。そういった場で、なにか、「教科書」のように使える本があったらよいのではないかという思いが、この『くらしの手帳』の出発点となっています。

障害のある青年たちに「学び」を保障するためには、まず、支援者自身が学ぶことからはじめなくてはなりません。教える人―教わる人という関係ではなく、いっしょに学ぶ人同士という関係の中で、青年たちも、支援者自身も、学びを深め、よりゆたかな「くらし」を実現させていくことができたら、それはきっと「しあわせ」なのではないでしょうか。

青年期の「学び」の内容は、無限にあります。その中から、青年自身が、「学びたい」と思うことを学べるようにするというのが本来のあるべき姿です。しかし、そこには「どこから手をつければよいのかわからない」という悩みがつきまといます。この本の内容を考えるにあたっても、青年たちの生活に直結した必要最小限のことを選択していけばよかったわけですが、その選択は、決して簡単ではありませんでした。

そんなとき、私たちの肩をそっと押してくれたのが、被爆者救援に長年取り組んでおられる医師の肥田舜太郎さんの言葉です。肥田さんは、医師として被爆者と向き合い、被爆者の方々が健康に長生きするための経験をまとめる活動をされていたそうです。その内容は、「睡眠・食事・排泄・労働・休養と遊び・セックスという人間として行う6つのことを、生理的に反しない範囲で正しく行うこと」（全国障害者問題研究会『みんなのねがい』2012年6月号、P36より）だったとのことです。この言葉を受けて、肥田さんの「6つのこと」を障害のある青年にわかりやすく伝えていくということが、この『くらしの手帳』の基本に据えられました。

まずは生きていくうえで最も重要な部分からということで、**1章「くらす」**では、睡眠・食事・排泄それぞれをテーマにした項目を盛り込みました。労働は、**2章「はたらく」**としてまとめました。労働についての全般的な考え方に加え、一般就労・福祉的就労それぞれについて具体的な説明をしています。休養とあそびについては、**3章「あそぶ」**にまとめ、ひとりであそぶこと、集団であそぶことの両面からの説明をしています。

次に、肥田さんの「6つのこと」には含まれていませんが、**4章「お金」**という項目を入れました。「先立つものがないと…」ということは避けられない現実ですので、この項目を追加することにしました。最後はセックスです。**5章「性と生」**にまとめましたが、単に「性交」のみに視点をあてるのではなく、セクシュアリティ（性と生）の視点から、「からだ」「こころ」「いのち」として整理をしました。

どのような内容の「学び」であっても、まずは、「学ぶって楽しい」「もっと学びたい」という気持ちが維持・向上していくことが第一です。そして、「学んでヨカッタ」ということをたくさん体験していただければ、なによりです。この『くらしの手帳』は、そういった「学び」のきっかけづくりに、きっと役立てていただけるのではないかと思っています。そして、そういった「学び」を保障するための「学びの場」が、全国各地にひろがることを心よりねがっています。

◎くらしの手帳　もくじ◎

カバーデザイン・イラスト　ナガノテツコ

1章
「くらす」

【くらす その1】

ねる

生活《せいかつ》のちからってなに？

人間《にんげん》が生活《せいかつ》していくちからは、一生《いっしょう》かけて伸《の》びていきます。今《いま》、これしかできないと思《おも》っていても、年《とし》を重《かさ》ねるごとに、少《すこ》しずつ生活《せいかつ》するちからはひろがっていきます。もし、トイレを失敗《しっぱい》しても、そのことを自分《じぶん》でうけいれて、次《つぎ》の生活《せいかつ》のちからにつなげていけるのです。

学校《がっこう》の勉強《べんきょう》だけでは、生活《せいかつ》のちからはつきません。自分《じぶん》だけではできないことも、まわりの友《とも》だちやおとなのすがたを見《み》ながら、がんばっていくと、少《すこ》しずつ変《か》わっていきます。

この「くらす」の章《しょう》では、私《わたし》たちが、毎日元気《まいにちげんき》に健康《けんこう》でくらしていくために欠《か》かせない、「ねること」「食《た》べること」「だすこと（ウンコやオシッコをすること）」についてお話《はな》しします。

最初《さいしょ》に学《まな》ぶのは「ねる」です。

人間《にんげん》はなぜねるの？

人《ひと》はだれでも、夜《よる》になるとふとんに入《はい》ってねむります。夜《よる》ねるのは、次《つぎ》の日《ひ》に元気《げんき》になるために、よく使《つか》った頭《あたま》とよく動《うご》いたからだを休《やす》めるためです。

でも、あしたは休《やす》みだから早《はや》くねなくていいや、と夜《よる》おそくまでテレビを見《み》ていたり、友《とも》だちと夜《よる》おそくまで話《はなし》をしていて、ねむくならないことがあると思《おも》います。人間《にんげん》のからだの中《なか》には時計《とけい》があって、いつもと同《おな》じ時間《じかん》にぐっすりねて、いつもと同《おな》じ時《じ》間《かん》に起《お》きることで、頭《あたま》もからだもスッキリします。

たまにはいいけど、いつも夜《よる》おそくまで起《お》きていることは、頭《あたま》とからだにとってよくないのです。ねむる時間《じかん》が短《みじか》いと、次《つぎ》の日《ひ》に頭《あたま》がぼーっとして、勉《べん》強《きょう》や仕事《しごと》に集中《しゅうちゅう》できなくなります。そして、病気《びょうき》になりやすくなります。夜《よる》しっかりねることは、人間《にんげん》の若《わか》さを保《たも》つひけつになり、人間《にんげん》の元気《げんき》のもとなのです。

ぐっすりねむるには

ぐっすりねむるには、夕《ゆう》ごはんを食《た》べてから1時《じ》間《かん》以上《いじょう》たっていること、ぬるめのお風呂《ふろ》にゆっくり入《はい》ることがたいせつです。そしていちばんたいせつなのは、悩《なや》みは次《つぎ》の日《ひ》に考《かんが》えようと、自分《じぶん》の気持《きも》ちを1日《にち》ずつ整理《せいり》することだと思《おも》います。

朝《あさ》、へやのカーテンをあけて、朝日《あさひ》をあびることも、からだの時計《とけい》を合《あ》わせるために、とてもたいせつなことです。

休《やす》みの日《ひ》にシーツを洗《せん》たくして、きれいなシーツのかかったふとんで、首《くび》が痛《いた》くならないまくらでねることも、とても気持《きも》ちがよいことなので、ぜひやってみてください。

どうしてもねむれないときは

休《やす》みの日《ひ》にいっぱい昼《ひる》ねをすると、夜《よる》ねむくならないことがあります。昼《ひる》ねは15分《ふん》くらいがいいといわれています。休《やす》みの日《ひ》でも、半日《はんにち》はふとんから出《で》て、本《ほん》を読《よ》んだり、テレビを見《み》たり、スキなことをしてすごしましょう。

また、旅行《りょこう》に行《い》ったりして、いつもと違《ちが》う場所《ばしょ》だとなかなかねむれないことがあります。まず、ふとんにヨコになって、目《め》をとじましょう。からだがつかれていれば、しだいにねむくなってきます。それでもねむれないときは、自分《じぶん》のスキな音楽《おんがく》を音《おと》を小《ちい》さくして聴《き》いたり、スキなマンガや本《ほん》を読《よ》んだりして、気持《きも》ちを変《か》えると、ねむくなってきます。ねむくなったら、すぐにふとんに入《はい》るといいです。

悩《なや》みごとが多《おお》いときは、ノートに自分《じぶん》の気持《きも》ちを書《か》いてみたり、まわりの人《ひと》に相談《そうだん》したりしましょう。それでもこころがしんどいときは、病院《びょういん》で相談《そうだん》して、夜《よる》ねむれるくすりを飲《の》むことで、よくねむれるようになることがあります。かならず、家族《かぞく》や職員《しょくいん》に相談《そうだん》して、いっしょに行《い》ってもらってください。

ねむれるくすりには、ちょっとだけきくものから、もう少《すこ》しきくもの、そして朝《あさ》までぐっすりねむれるものまで、いろいろあります。強《つよ》いくすりだと、なかなか朝起《あさお》きられないこともあるので、病院《びょういん》の先生《せんせい》とゆっくり話《はなし》をして、調整《ちょうせい》しながら使《つか》いましょう。

ひとりでねる練習《れんしゅう》をしよう それは自立《じりつ》への一歩《いっぽ》です

今《いま》、あなたはへやでひとりでねていますか？ 家《か》族《ぞく》や職員《しょくいん》といっしょにねていますか？ 人間《にんげん》は、一《いっ》生《しょう》のうち、ねている時間《じかん》は3分《ぶん》の1もあるのに、おかあさんやおとうさんといっしょにねることができるのは、おかあさんやおとうさんが元気《げんき》なうちだけです。できるだけ、ひとりでねることを練習《れんしゅう》していきましょう。

はじめは、ひとりでねることに不安《ふあん》もあると思《おも》いますが、ひとりでねることが、自立《じりつ》への一歩《いっぽ》にもなります。

パジャマに着替《きが》える、服《ふく》をたたむ、自分《じぶん》で目《め》ざましをかけて起《お》きる、カーテンをあける、起《お》きたらトイレに行《い》く…いろんなことを自分《じぶん》でする練習《れんしゅう》になります。目《め》がさめて、となりのへやに家族《かぞく》や職員《しょくいん》がいることがわかれば、ひとりでねることが、不安《ふあん》でなくなります。こころの自立《じりつ》にもなるのです。

夜《よる》、トイレに起《お》きたら

40歳《さい》をすぎるころから、トイレがちかくなり、夜《よ》中《なか》にトイレに起《お》きることがあります。でも、起《お》きたら、すぐにねむれないこともあります。そういうときは、ねる前《まえ》と同《おな》じように、ふとんにヨコになっていると、ねむくなってきます。どうしてもねむくないときは、まわりの人《ひと》にめいわくをかけないように、静《しず》かにしていることも、いろんな人《ひと》と生活《せいかつ》していくうえで、たいせつにしたいことです。

もし、夜《よる》のトイレが心配《しんぱい》なときには、まわりのおとなに相談《そうだん》して、紙《かみ》パンツを使《つか》うと、あんしんです。今《いま》はとてもさらっとしていて、使《つか》いやすくなっ

ねむれない夜は…

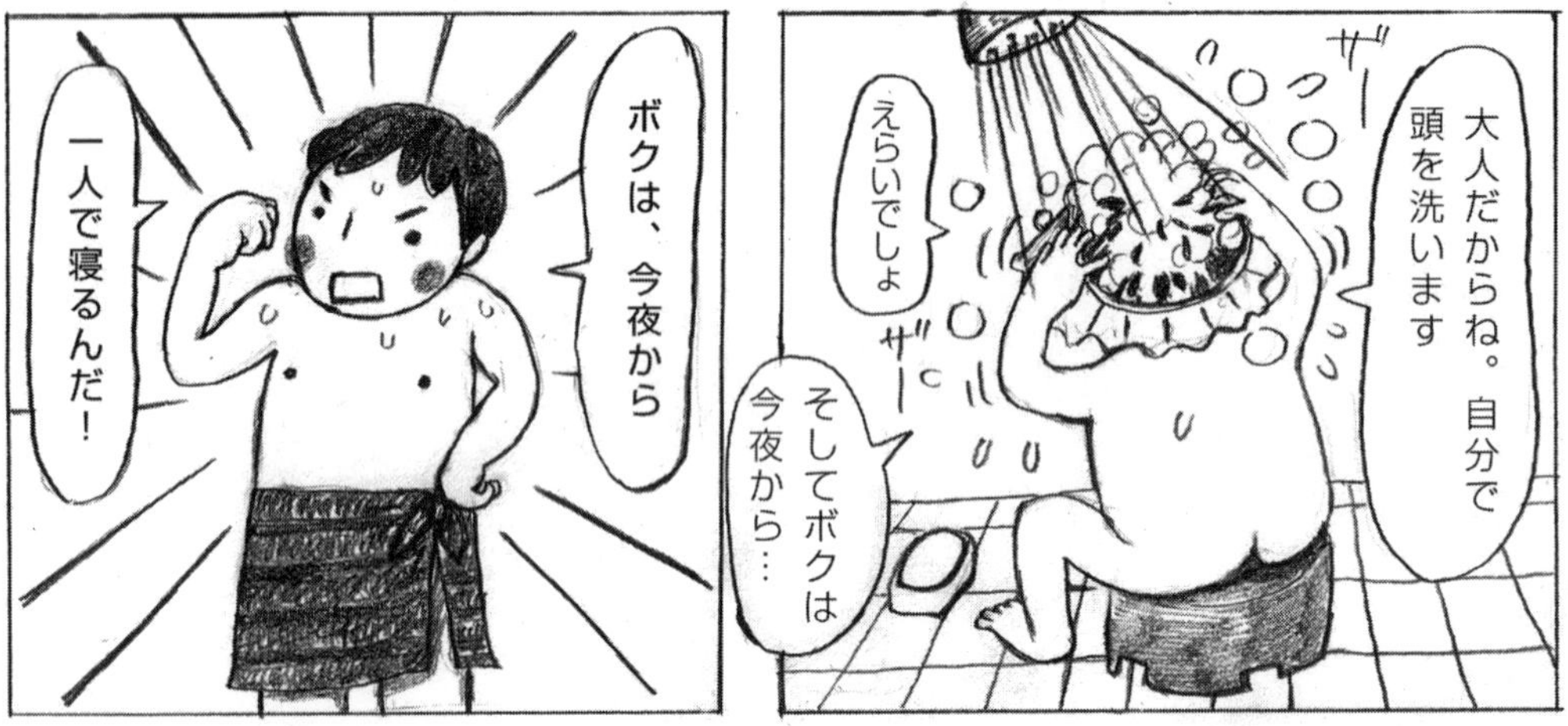

ひとりでねることは、たいせつな自立《じりつ》への一歩《いっぽ》です。でも、ひとりでなんでもできるようになることだけが自立《じりつ》ではありません。「家族《かぞく》の一員《いちいん》として」「作業所《さぎょうしょ》の一員《いちいん》として」「地域《ちいき》の一員《いちいん》として」自分《じぶん》にできることをしっかりやっていくことも、おとなとしての役割《やくわり》です。

ています。

しんどいことをわかる つらいことを伝《つた》える

人間《にんげん》の生活《せいかつ》にとって、いちばんの土台《どだい》は、しっかりねることです。かぜをひいたり、病気《びょうき》になったら、まずねてからだを休《やす》めると、自然《しぜん》にからだがもとに戻《もど》るちから―免疫力《めんえきりょく》が高《たか》くなります。

将来《しょうらい》、グループホームで生活《せいかつ》してみたいと思《おも》っている人《ひと》は、まず自分《じぶん》で夜《よる》ねる、自分《じぶん》で朝起《あさお》きる、ことから練習《れんしゅう》してみてください。からだがしんどいことや、悩《なや》みごとが、自分《じぶん》でわかることもたいせつです。こころとからだはつながっています。つらいことを、きちんと相談《そうだん》できることも、じつはたいせつなのです。

つらいことが増《ふ》えないように、みんなにやさしくして、なかよくすることも、いっしょに練習《れんしゅう》していきましょう。

【くらす その2】

食《た》べる

人間《にんげん》はなぜ食事《しょくじ》をするの？

人間《にんげん》は、食事《しょくじ》をすることで、骨《ほね》や筋肉《きんにく》、脳《のう》などのからだをつくります。勉強《べんきょう》や仕事《しごと》をするときのエネルギーも、ごはんからできています。

朝《あさ》ごはんを食《た》べると、消化管《しょうかかん》が活動《かつどう》し、脳《のう》が目《め》ざめます。昼食《ちゅうしょく》は、午後《ごご》の活動《かつどう》がしっかりできるようにとります。そして夕食《ゆうしょく》は、睡眠中《すいみんちゅう》に行《おこな》われる、さまざまな生命活動《せいめいかつどう》に必要《ひつよう》な栄養《えいよう》となります。人間《にんげん》に必要《ひつよう》なエネルギーがたりなくなって、元気《げんき》がなくならないように、朝《あさ》・昼《ひる》・夜《よる》と3回《かい》に分《わ》けて食《た》べるのです。

食事《しょくじ》を見《み》て、においをかいで、手《て》を動《うご》かして口《くち》に入《い》れて、しっかりかんで飲《の》みこむという一連《いちいち》の動作《どうさ》も、脳《のう》を活性化《かっせいか》させる原動力《げんどうりょく》になっています。

また、きょうはなにが給食《きゅうしょく》に出《で》るかなあと考《かんが》えたり、みんなといっしょに食事《しょくじ》をするのも楽《たの》しいことです。おいしくて楽《たの》しい食事《しょくじ》をすることは、からだの栄養《えいよう》だけでなく、こころも満足《まんぞく》させ、私《わたし》たちを健《けん》康《こう》にしてくれます。

スキな物《もの》だけ たくさん食《た》べてもいい？

みんなは、クッキーやケーキなどのあまい物《もの》がスキですか？

でも、あまい物《もの》（糖分《とうぶん》）だけを食《た》べていたら、どうなるか知《し》っていますか？　糖分《とうぶん》をエネルギーにするためには、骨《ほね》をつくるだいじなカルシウムもいっぱい使《つか》われてしまい、骨《ほね》がもろくなってしまったりします。

仕事あがりの一杯

また、糖分《とうぶん》を余分《よぶん》にとると、あまった分《ぶん》は、おなかや太《ふと》もも、うでなどに脂肪《しぼう》としてたまり、太《ふと》ってきます。

太《ふと》るだけでなくて「糖尿病《とうにょうびょう》」という病気《びょうき》になると、糖分《とうぶん》がオシッコになって出《で》てしまい、からだがとてもしんどくなり、ひどくなると、毎日注射《まいにちちゅうしゃ》を打《う》たないといけなくなってしまいます。

なので、「あまいおかしは1日《にち》1こにしよう」「コーヒーのさとうも少《すく》なくしよう」と、自分《じぶん》にやくそくをしましょう。

やさいがキライという人《ひと》も多《おお》いと思《おも》いますが、やさいには、からだの調子《ちょうし》を整《ととの》える、だいじなビタミンがたくさん入《はい》っています。やさいをきちんと食《た》べないと、かぜをひきやすくなったり、ニキビが増《ふ》えたり、立《た》ち上《あ》がるときにふらふらしてしまったり、いろいろなことが起《お》きてきますので、がんばって食《た》べるようにしましょう。

にがてな物《もの》があったら…

給食《きゅうしょく》は、栄養士《えいようし》さんが、からだにいい献立《こんだて》を考《かんが》えてつくっていますので、のこさずに食《た》べてほしいです。にがてな物《もの》が出《で》てきたときも、努力《どりょく》してみましょう。でも、どうしても食《た》べられなかったら、からだに必要《ひつよう》な献立《こんだて》であることをわかったうえで、家族《かぞく》や職員《しょくいん》に、にがてであることを伝《つた》えてください。ほかの食《しょく》品《ひん》で栄養《えいよう》がとれるように、いっしょに考《かんが》えてもらいましょう。

たとえば、骨《ほね》をつくるには、毎日牛乳《まいにちぎゅうにゅう》を飲《の》むことが必要《ひつよう》ですが、牛乳《ぎゅうにゅう》がキライなら、チーズやとうふや豆乳《とうにゅう》でも、カルシウムという栄養《えいよう》がとれます。

アレルギーでからだがかゆくなるからにがてだということもあるので、かゆくなったら、病院《びょういん》で検査《けんさ》してもらいましょう。

水《みず》やお茶《ちゃ》は、どうして飲《の》むの？

水《みず》やお茶《ちゃ》は、からだの水分《すいぶん》になるたいせつなものです。食事《しょくじ》の前《まえ》とあとに飲《の》むようにしましょう。とくに暑《あつ》くなると、汗《あせ》をいっぱいかくので、仕事《しごと》や勉《べん》強《きょう》の途中《とちゅう》にも、しっかり飲《の》んでください。水道《すいどう》の水《みず》は、バイキンをころすくすりが少《すこ》し入《はい》っているので、わかしたお茶《ちゃ》がいいです。

コーヒーやジュースはお茶《ちゃ》とは違《ちが》います。たくさん飲《の》みすぎると、のどがかわいてしまうこともあるので、1ぱいでガマンするようにしましょう。

自分《じぶん》でごはんをつくってみよう

ごはんをつくるためには、献立《こんだて》をたてる、買《か》い物《もの》に行《い》く、料理《りょうり》をつくる…といろいろ勉強《べんきょう》しなければなりません。

まず、献立《こんだて》をたてるには、①ごはんやパン、めんなどの主食《しゅしょく》、②さかな・肉《にく》・とうふなどのおもなおかず、③やさいサラダなどの小《ちい》さなおかず、そして④みそ汁《しる》などの汁《しる》もの、の4つが基本《きほん》になることも知《し》っておきましょう。

ごはんをつくるときには、塩《しお》（塩分《えんぶん》）のとりすぎに注意《ちゅうい》する必要《ひつよう》があります。塩分《えんぶん》をたくさんとると、血圧《けつあつ》が上《あ》がる病気《びょうき》になったり、オシッコをからだからだす腎臓《じんぞう》の病気《びょうき》になったりすることもあります。

ダシをきかせると、うす味《あじ》でもおいしくなります。日《ひ》ごろから、とうふにかけるしょうゆや、コロッケ・カツなどにかけるソースは、少《すく》なくするように心《こころ》がけましょう。

食《た》べるとき　食《た》べたあと

食《た》べるときは、ゆっくりかんで食《た》べることがたいせつです。

ごはんをたくさん食《た》べたい人《ひと》は、はじめにお茶《ちゃ》やみそ汁《しる》を飲《の》んで、次《つぎ》にやさいを食《た》べてから、ごはんを食《た》べてみましょう。

同《おな》じ物《もの》だけつづけて食《た》べないで、いろいろな物《もの》を少《すこ》しずつ食《た》べるのも、いろんな味《あじ》が楽《たの》しめます。〝口内調理《こうないちょうり》〟とよばれる日本《にほん》の食文化《しょくぶんか》もたいせつにしたいものです。

また、人間《にんげん》は、年《とし》をとってくると、「かむこと」と「飲《の》みこむこと」がにがてになってきます。とくに歯《は》が少《すく》なくなると、「かむこと」がにがてになるので、食事《しょくじ》を食《た》べやすいサイズにきざんでもらって

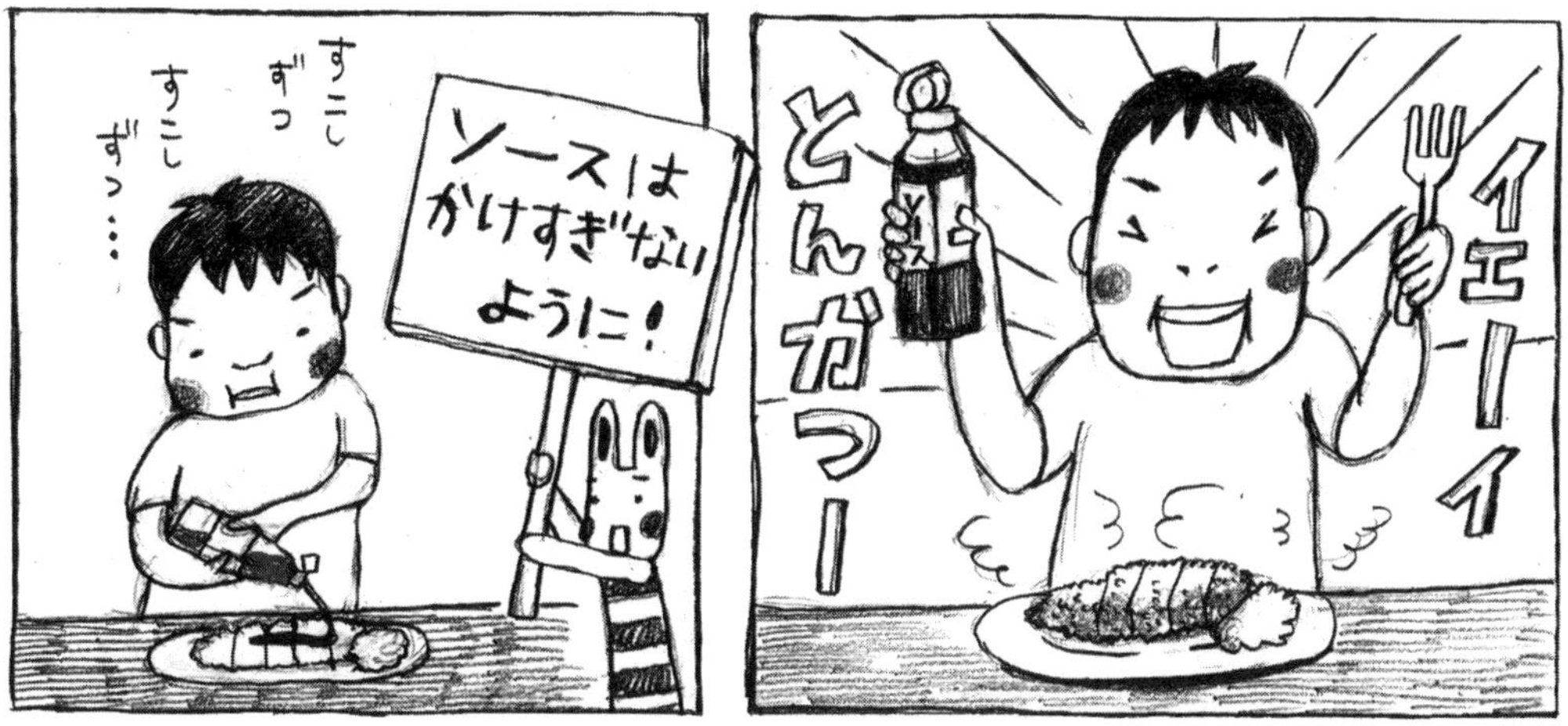

毎日《まいにち》の楽《たの》しみはやっぱり食事《しょくじ》！　という人《ひと》も多《おお》いでしょう。食《た》べる前《まえ》に「きょうのメニューはね…」と栄養《えいよう》のこと、季節《きせつ》の食材《しょくざい》のこと、つくり方《かた》などを話《はな》すのもいいですね。ときには、目《め》で楽《たの》しむ、香《かお》りで楽《たの》しむ、そんな食事《しょくじ》も心《こころ》がけたいものです。

から食《た》べるようにしましょう。

むせないためには、ゆっくりかんでから飲《の》みこむ、お茶《ちゃ》もゆっくり飲《の》むようにします。それでもむせてしまうときは、家族《かぞく》や職員《しょくいん》に相談《そうだん》しましょう。食事《しょくじ》をこまかくきざんで、とろみをつけたり、お茶《ちゃ》や汁《しる》にとろみを入《い》れると、むせにくくなります。

むせて、ごはんが肺《はい》に入《はい》ってしまうと「肺炎《はいえん》」というこわい病気《びょうき》になることもあります。また、のどに大《おお》きなおかずがつまると、死《し》んでしまうこともあります。

食事《しょくじ》はみんなの元気《げんき》のもとですが、年《とし》をとると病気《びょうき》の原因《げんいん》にもなるので、注意《ちゅうい》が必要《ひつよう》です。

どうしても口《くち》から食《た》べられなくなったら、病院《びょういん》で胃《い》に穴《あな》をあけて栄養《えいよう》をいれたり、点滴《てんてき》の管《くだ》から栄養《えいよう》をいれることも、今《いま》はできるようになりました。

でも、人間《にんげん》にとっていちばんいいのは、口《くち》から食《た》べることです。歯《は》をしっかりみがき、よくしゃべって、口《くち》の筋肉《きんにく》もきたえましょう。

【くらす その3】
だす

オシッコってなあに？

人間《にんげん》のからだは、体重《たいじゅう》の半分《はんぶん》以上《いじょう》が水分《すいぶん》でつくられています。

人間《にんげん》は毎日《まいにち》、食《た》べ物《もの》から1リットル、飲《の》み物《もの》から1リットルの水分《すいぶん》をとっています。コーヒーやジュースは、糖分《とうぶん》やからだに悪《わる》い添加物《てんかぶつ》も入《はい》っているので、水《みず》やお茶《ちゃ》で1リットルの水分《すいぶん》をとるようにしましょう。

水分《すいぶん》が少《すく》ないと、脱水症状《だっすいしょうじょう》を起《お》こしたり、血液《けつえき》がネバネバしてつまりやすくなり、大変《たいへん》な病気《びょうき》を引《ひ》き起《お》こすことにもなります。朝起《あさお》きたとき、ごはんのとき、お風呂《ふろ》のあとなどにも水《みず》やお茶《ちゃ》を飲《の》みましょう。

からだに必要《ひつよう》な水分《すいぶん》を吸収《きゅうしゅう》するのは、小腸《しょうちょう》です。小腸《しょうちょう》で水分《すいぶん》を血管《けっかん》の中《なか》に取《と》り入《い》れています。

腎臓《じんぞう》は、のこったゴミを、もう一度《いちど》水分《すいぶん》とアンモニア（オシッコの成分《せいぶん》）に分《わ》けるたいせつな臓器《ぞうき》です。腎臓《じんぞう》の病気《びょうき》になると、人工透析《じんこうとうせき》（機械《きかい》をつなげて機械《きかい》で水分《すいぶん》とアンモニアを分《わ》けること）が必要《ひつよう》になります。腎臓《じんぞう》の病気《びょうき》にならないためには、塩分《えんぶん》をひかえることも心《こころ》がけましょう。

オシッコ　ガマンしないで

年《とし》をとると、オシッコに行《い》きたくなる回数《かいすう》が増《ふ》えます。夜《よる》は、紙《かみ》パンツを使《つか》う、時間《じかん》を決《き》めて起《お》こしてもらうなどの工夫《くふう》をします。

オシッコのあとに痛《いた》みを感《かん》じたり、オシッコをしたいのに出《で》なかったりするときは、膀胱炎《ぼうこうえん》などがうたがわれます。この病気《びょうき》にかからないようにするためには、①ウンコをふくときには、前《まえ》からうしろにふくように注意《ちゅうい》して、尿道《にょうどう》（オシッコの出《で》る場所《ばしょ》）がウンコのバイキンでよごれないようにする②水分《すいぶん》をたくさんとる③オシッコをガマンしない④からだを冷《ひ》やさない、ことなどが必要《ひつよう》です。

ウンコってなあに？

「食《た》べる」でお話《はな》ししたように、食事《しょくじ》をすることで、からだをつくり、生活《せいかつ》するエネルギーも生《う》まれます。病気《びょうき》をやっつけるビタミンなどもつくります。ウンコは、それをつくって出《で》たゴミです。

　ウンコは、色《いろ》や形《かたち》、出方《でかた》で、からだの調子《ちょうし》がわかります。

　口《くち》から入《はい》った食《た》べ物《もの》は、消化液《しょうかえき》の酵素《こうそ》で分解《ぶんかい》され、ウンコが肛門《こうもん》から出《で》るには、15～39時間《じかん》もかかります。胃《い》で2～4時間《じかん》、小腸《しょうちょう》で4～5時間《じかん》、大腸《だいちょう》で9～30時間《じかん》かかります。健康《けんこう》な人《ひと》は、きょうのお昼《ひる》に食《た》べた物《もの》は、あすの朝《あさ》に出《で》ます。

　ウンコは肉《にく》をたくさん食《た》べる国《くに》では、1日《にち》に100g（バナナ1本《ぽん》くらい）、水分《すいぶん》と未消化《みしょうか》な食《た》べ物《もの》が多《おお》いと500gにもなります。ウンコの中身《なかみ》は、30％は細菌《さいきん》で、のこりは水分《すいぶん》と食物《しょくもつ》せんいです。

　細菌《さいきん》は腸《ちょう》の中《なか》にたくさんいて、消化《しょうか》や吸収《きゅうしゅう》を助《たす》けるもの、必要《ひつよう》なビタミンをつくるもの、くさいおならになるもの、からだがよわったときに病気《びょうき》を起《お》こす大腸菌《だいちょうきん》などがいます。ビフィズス菌《きん》や乳酸菌《にゅうさんきん》は、病気《びょうき》を起《お》こす大腸菌《だいちょうきん》をおさえるはたらきがあります。納豆菌《なっとうきん》は、腸《ちょう》を整《ととの》えるはたらきをします。ヨーグルト、納豆《なっとう》などをしっかりとりましょう。

　ウンコは、胃《い》で消化《しょうか》され、腸《ちょう》に行《い》くときに、肝臓《かんぞう》でつくられた胆汁《たんじゅう》とまざります。この胆汁《たんじゅう》が黄色《きいろ》から黄《き》みどり色《いろ》で脂肪《しぼう》の消化《しょうか》を助《たす》けます。ウンコの色《いろ》は、細菌《さいきん》の影響《えいきょう》もうけます。また、食《た》べ物《もの》の影響《えいきょう》もうけて、イモが多《おお》いと白《しろ》っぽく、肉《にく》・タマゴ・チョコレートが多《おお》いと黒《くろ》っぽくなります。

よいウンコって？

1日《にち》に出《で》るウンコは、200〜300g、バナナ2〜3本《ぼん》がいいそうです。太《ふと》さは、はじめが手《て》の親《おや》指《ゆび》ぐらいで、最後《さいご》は中指《なかゆび》ぐらい。ウンコをしたあと、ふいてもトイレットペーパーにつかないのが理《り》想《そう》です。肛門《こうもん》のまわりにのこるのは、肉《にく》や油《あぶら》のとりすぎです。かたさは、ねり歯《は》みがきやみそのようにやわらかいほうがよく、黄色《きいろ》で、においもあまりしないウンコがベストです。

もし、ウンコに血《ち》がまざっていたら、まっかな血《ち》なのか、黒《くろ》っぽいのか、また、どんなときにどのぐらい出《で》たのかちゃんと見《み》て、検査《けんさ》をうけましょう。1年《ねん》に1回《かい》はウンコの検査《けんさ》をしておくと、あんしんです。

よいウンコをだすには？

よいウンコをだすには、まず食事《しょくじ》を肉中心《にくちゅうしん》から食物《しょくもつ》せんいたっぷりの和食《わしょく》にかえましょう。そしてやさいを1日《にち》で両手《りょうて》いっぱい食《た》べましょう。

ウンコには、ストレスも影響《えいきょう》します。運動不足《うんどうぶそく》も敵《てき》です。でも、いちばんたいせつなのは、朝《あさ》ごはんを食《た》べることと、そのあとのトイレタイムです。朝《あさ》ごはんのあと、ウンコがしたいと思《おも》ったらトイレにすわって、息《いき》を止《と》めて、ウーンとおなかにちからをいれます。ここでウンコをしてもいいというリラックスできる場所《ばしょ》でないと、ウンコは出《で》てきません。朝《あさ》ごはんのあとでなくても、ウンコがしたいというタイミングをのがさずに、あんしんできるトイレに、すぐにすわることがたいせつです。

なかなか出《で》ないときは、ゆっくりトイレにすわって、左《ひだり》のわき腹《ばら》に手《て》をさしこんでもんでください。ふだんから、おなかを「の」の字《じ》にさするマッサージもしてみてください。朝起《あさお》きて、お水《みず》をコップ1ぱい飲《の》むのも、効果的《こうかてき》です。便秘《べんぴ》の人《ひと》は、ねる前《まえ》にも水《みず》を飲《の》むようにしましょう。

それでもウンコが出《で》ないときには

イライラのために、精神安定剤《せいしんあんていざい》というくすりを飲《の》んでいる人《ひと》もいると思《おも》います。このくすりは、こころをラクにしてくれますが、ウンコがなかなか出《で》なくなることがあります。

ウンコがなかなか出《で》ない場合《ばあい》は、くすりを飲《の》むこ

よい目覚《めざ》め、おいしい食事《しょくじ》、そしてしっかりよいウンコ。
さあ、元気《げんき》な一日《いちにち》の始《はじ》まりです。

ともあります。

ウンコをだしやすくするくすりは、下剤《げざい》といいます。症状《しょうじょう》によって、くすりの種類《しゅるい》も量《りょう》も違《ちが》いますので、かならず病院《びょういん》に行《い》って相談《そうだん》してください。

ウンコがなかなか出《で》ないと、大腸《だいちょう》にウンコがたまって、バイキンが増《ふ》えて、病気《びょうき》になります。1週間《しゅうかん》出《で》ないのであれば、坐薬《ざやく》やカンチョウなどを使《つか》います。

＊

人間《にんげん》が生活《せいかつ》していくためには、「あたりまえだけどたいせつなこと」がいっぱいあることがわかりましたか？　健康《けんこう》で長生《ながい》きするために、「ねて」「食《た》べて」「だす」ことがとってもたいせつなのです。

職員《しょくいん》や家族《かぞく》といっしょに、じっくり話《はな》す時間《じかん》をつくってみてください。そして、自分《じぶん》でできることを少《すこ》しずつ増《ふ》やしていってください。つらいとき、痛《いた》いときは、すぐに職員《しょくいん》や家族《かぞく》に相談《そうだん》することもたいせつです。

2章
「はたらく」

【はたらく その1】
はたらくって どういうこと？

なぜわたしたちは「はたらく」のでしょう？

これから仕事《しごと》をしようと考《かんが》えているみなさん、もうすでに仕事《しごと》をしているみなさん、あなたは、なぜ、はたらくのですか？

お給料《きゅうりょう》をもらうため？　そのお金《かね》で自分《じぶん》のスキな物《もの》を買《か》うため？　学校《がっこう》の先生《せんせい》や親《おや》ごさんが、はたらけっていったから？　友《とも》だちもはたらいているから？　はたらくことは「義務《ぎむ》」だって習《なら》ったから？？

どれも間違《まちが》いではありません。

では、もう1つ聞《き》いてみましょう。あなたは、本《ほん》当《とう》にはたらきたいですか？

はい　いいえ　わからない？

この質問《しつもん》に正解《せいかい》はありません。でもこの質問《しつもん》の答《こた》えを考《かんが》えてみるのは、とってもたいせつなことだと思《おも》います。

「職業選択《しょくぎょうせんたく》の自由《じゆう》」って？

さて、みなさんは、「日本国憲法《にほんこくけんぽう》」を読《よ》んだことがありますか。これは、わたしたち国民《こくみん》と日本《にほん》という国《くに》との間《あいだ》でのやくそくごとをまとめたものです。この中《なか》に、「職業選択《しょくぎょうせんたく》の自由《じゆう》」という項目《こうもく》があります。簡単《かんたん》にいうと、「自分《じぶん》のしたい仕事《しごと》を選《えら》んでよい」という意味《いみ》です。

これから「進路《しんろ》」を決《き》めようとしているみなさん、自分《じぶん》の進《すす》みたい進路《しんろ》を自分《じぶん》で選《えら》ぼうとしていますか？　学校《がっこう》の先生《せんせい》や親《おや》ごさんが、あなたの気持《きも》ちを聞《き》かずに、あなたの進路《しんろ》を、勝手《かって》に決《き》めたりしていませんか？

もうすでにはたらいているみなさん、あなたは、今《いま》している仕事《しごと》に満足《まんぞく》していますか？　本当《ほんとう》は、違《ちが》う仕事《しごと》がしたいと思《おも》ったりしていませんか？

あなたには、自分《じぶん》のしたい仕事《しごと》を選《えら》ぶ権利《けんり》があります。そして、どのような生活《せいかつ》を送《おく》っていくかも自《じ》分《ぶん》で考《かんが》えることができます。でも、自分《じぶん》ひとりで考《かんが》えるのはむずかしいので、家族《かぞく》や学校《がっこう》の先生《せんせい》に相談《そうだん》しましょう。

「就業《しゅうぎょう》・生活《せいかつ》支援《しえん》センター」って？

困《こま》ったときには、地域《ちいき》のいろいろな情報《じょうほう》を知《し》っている専門《せんもん》の人《ひと》に相談《そうだん》に行《い》くこともたいせつです。そういうときは、「障害者《しょうがいしゃ》就業《しゅうぎょう》・生活《せいかつ》支援《しえん》センター」に行《い》きます。「ナカポツセンター」とか、「シュウポツセンター」とか、「はたらく・くらすセンター」といった名前《なまえ》でよばれている場合《ばあい》もあります。全国《ぜんこく》に322か所《しょ》（2014年《ねん》4月《がつ》1日《ついたち》現在《げんざい》）もありますので、あなたの家《いえ》の近《ちか》くにもあるはずです。どこにあるか知《し》りたいときは、インターネットを使《つか》い「厚《こう》生労働省《せいろうどうしょう》　障害者《しょうがいしゃ》就業《しゅうぎょう》・生活《せいかつ》支援《しえん》センター　一《いち》覧《らん》」というキーワードで検索《けんさく》してみましょう。

就業《しゅうぎょう》・生活《せいかつ》支援《しえん》センターでは、はたらくことだけではなく、くらしのことについても相談《そうだん》にのってくれます。実家《じっか》を出《で》て、グループホームなどで生活《せいかつ》しながら仕事《しごと》をしたいというときは、仕事《しごと》のことも、生活《せいかつ》のことも、いっしょに相談《そうだん》できるので、とても便利《べんり》です。

相談《そうだん》するときは、自分《じぶん》がどんなことに悩《なや》んでいるのかをハッキリと伝《つた》えることがたいせつです。さらに、自分《じぶん》ができること、できないこと、したいこと、したくないことなどをできるだけくわしく説明《せつめい》できるようにしておきましょう。

「就労移行支援事業《しゅうろういこうしえんじぎょう》」って？

最近《さいきん》は、高等部《こうとうぶ》を卒業《そつぎょう》したあと、「就労移行支援《しゅうろういこうしえん》事業所《じぎょうしょ》」に行《い》く人《ひと》が増《ふ》えています。就労移行支援《しゅうろういこうしえん》事業所《じぎょうしょ》は、原則《げんそく》として2年間《ねんかん》で会社《かいしゃ》などではたらくちからを身《み》につけ、就職《しゅうしょく》することをめざす場所《ばしょ》です。

高等部《こうとうぶ》でも「早《はや》く就職《しゅうしょく》しなさい！」といわれてきたのに、さらに2年間《ねんかん》も「就職《しゅうしょく》！　就職《しゅうしょく》！」といわれると、どんな気持《きも》ちになるのでしょうか。「はたらきたい」という気持《きも》ちがわいてきていないときに、「はたらけ！」といわれると、イヤな気持《きも》ちになる人《ひと》も多《おお》いのではないでしょうか。

高等部《こうとうぶ》の先生《せんせい》も、就労移行支援事業《しゅうろういこうしえんじぎょう》の職員《しょくいん》さんも、あなたに早《はや》く就職《しゅうしょく》してほしいと思《おも》っていろいろな手助《てだす》けをしてくれているのですが、いちばんたいせつなのは、あなた自身《じしん》が本当《ほんとう》に「はたらきたい」と思《おも》っているかどうかです。もし、まだ「はたらきたい」という気持《きも》ちがわいてこない場合《ばあい》や、「はたらきたいけれど、どんな仕事《しごと》がしたいのかわからない」という場合《ばあい》は、あわてる必要《ひつよう》はありません。あなたが本当《ほんとう》に将来《しょうらい》なにをしたいのかを考《かんが》えていきましょう。高等部《こうとうぶ》の3年間《ねんかん》や、就労移行支援事業《しゅうろういこうしえんじぎょう》の2年間《ねんかん》は、そのための時間《じかん》なのです。

もっと勉強《べんきょう》したい？

高等部《こうとうぶ》を卒業《そつぎょう》するときに、「本当《ほんとう》はもっとたくさん勉強《べんきょう》したかった」と思《おも》っていた人《ひと》もいるのではないでしょうか？

障害《しょうがい》のある人《ひと》たちといっしょに国際連合《こくさいれんごう》（国連《こくれん》）で話《はな》し合《あ》って決《き》めた「障害者権利条約《しょうがいしゃけんりじょうやく》」では、障害《しょうがい》のある人《ひと》たちにも高等教育《こうとうきょういく》をうける権利《けんり》が保障《ほしょう》されています。高等教育《こうとうきょういく》とは、高校《こうこう》・高等部《こうとうぶ》のあと、大学《だいがく》や専門学校《せんもんがっこう》のようなところで学《まな》びつづけることです。つまり、高等部《こうとうぶ》を卒業《そつぎょう》したあとも、もっと勉強《べんきょう》したい人《ひと》は、勉強《べんきょう》をつづけてもいいのです。

特別支援学校《とくべつしえんがっこう》の中《なか》には、専攻科《せんこうか》という、高等部《こうとうぶ》のあとにもう2年間《ねんかん》つづけて学《まな》ぶところがある学校《がっこう》もあります。でも、これは、とても少《すく》ないので、入《はい》れる人《ひと》は限《かぎ》られてしまいます。もっと、たくさんの専《せん》攻科《こうか》ができるといいですね。

専攻科《せんこうか》に似《に》たもので、最近《さいきん》は「学《まな》びの作業所《さぎょうしょ》」というものができています。これは、作業所《さぎょうしょ》などと同《おな》じようなしくみでつくられていますが、専攻科《せんこうか》のように、特別支援学校《とくべつしえんがっこう》の高等部《こうとうぶ》を卒業《そつぎょう》したなかまたちといっしょに、学習《がくしゅう》をつづけることができるものです。全国《ぜんこく》どこにでもあるわけではありません

ピカピカにはなるけれど

みなさんの「相談《そうだん》」をうけつけてくれる場所《ばしょ》は、何種類《なんしゅるい》もあります。実際《じっさい》に困《こま》ってから相談《そうだん》する場所《ばしょ》をさがすのは大変《たいへん》なので、あらかじめ、身近《みぢか》で信頼《しんらい》できる相談員《そうだんいん》さんを見《み》つけておくといいですね。

が、少《すこ》しずつ増《ふ》えはじめています。みなさんの家《いえ》の近《ちか》くにもできるといいですね。

高等部《こうとうぶ》を卒業《そつぎょう》したあとも、もっと勉強《べんきょう》したいと思《おも》ったら、勉強《べんきょう》しつづけることはとてもステキなことです。「はたらく」ための勉強《べんきょう》も、そのなかでしていくのがいいでしょう。そして、はたらきはじめてからも、もっともっと勉強《べんきょう》をつづけることもステキなことです。これを「生涯学習《しょうがいがくしゅう》」といいますが、これをうけることも、障害者権利条約《しょうがいしゃけんりじょうやく》で保障《ほしょう》されている権利《けんり》です。

2種類《しゅるい》の「はたらく」

障害《しょうがい》のある人《ひと》たちが「はたらく」場所《ばしょ》は、大《おお》きく2つに分《わ》けることができます。1つは、「一般就労《いっぱんしゅうろう》」といって、企業《きぎょう》などではたらくこと。もう1つは、「福祉的就労《ふくしてきしゅうろう》」といって、作業所《さぎょうしょ》などではたらくことです。

それぞれについて、お話《はな》ししていきます。

【はたらく　その2】

一般就労《いっぱんしゅうろう》

一般就労《いっぱんしゅうろう》とは、公務員《こうむいん》としてはたらいたり、一《いっ》般《ぱん》の会社《かいしゃ》などではたらいたりすることです。

はたらきたいと思《おも》ったら

会社《かいしゃ》ではたらくためにいちばんたいせつなことは、だれかに「はたらきなさい」といわれたからはたらくのではなく、あなた自身《じしん》が「はたらきたい」と強《つよ》く思《おも》うことです。はたらいて、お給料《きゅうりょう》をもらうことや、自分《じぶん》のした仕事《しごと》が社会《しゃかい》の役《やく》に立《た》っているって感《かん》じることはとてもステキなことですが、若《わか》いときにはなかなかそう思《おも》えないこともあります。そんなときには、いろいろな経験《けいけん》をしながら、自分《じぶん》の将《しょう》来《らい》のことをゆっくり考《かんが》えることがたいせつです。

そして、本当《ほんとう》に「はたらきたい」と思《おも》ったら、まず近《ちか》くのハローワークをさがして、窓口《まどぐち》に行《い》きます。ハローワークには、障害《しょうがい》のある人《ひと》たちの仕事《しごと》の相談《そうだん》を担当《たんとう》してくれる人《ひと》がいますので、その人《ひと》に、どんな仕事《しごと》がしたいのか、そして、どんな仕事《しごと》ができるのかを正直《しょうじき》に伝《つた》えてください。

ハローワークの人《ひと》は、仕事《しごと》を紹介《しょうかい》してくれるだけではなく、どんな仕事《しごと》がむいているかなどの検査《けんさ》をしてくれたり、仕事《しごと》をするちからをつけるための特《とく》別《べつ》な学校《がっこう》などを紹介《しょうかい》してくれたりすることもあります。ちょうどよい仕事《しごと》がなかなかみつからないこともありますが、しっかりと自分《じぶん》の気持《きも》ちを伝《つた》え、よく話《はな》し合《あ》い、おたがいが納得《なっとく》できる会社《かいしゃ》をさがすことがたいせつです。

はたらきはじめるときには

仕事《しごと》をはじめるとき、「ちゃんとやれるかなぁ」

はたらきたい！

と、みなさんも会社《かいしゃ》も心配《しんぱい》になることが多《おお》いです。なので、正式《せいしき》にはたらきはじめる前《まえ》に、実習《じっしゅう》をしたり、何《なん》か月間《げつかん》か「おためし」ではたらいたりすることがあります。この期間《きかん》に、会社《かいしゃ》の人《ひと》は、あなたを雇《やと》ってもだいじょうぶかどうかを判断《はんだん》しますが、あなた自身《じしん》も、その会社《かいしゃ》ではたらいてだいじょうぶかどうか判断《はんだん》します。

会社《かいしゃ》によっては、みなさんが仕事《しごと》になじむことができるまでのあいだの支援《しえん》をしてくれる人《ひと》（ジョブコーチ）をつけてくれる場合《ばあい》があります。最初《さいしょ》は、ジョブコーチがいろいろとアドバイスしてくれますが、少《すこ》しずつジョブコーチがいなくてもはたらけるようにしていきましょう。

さて、正式《せいしき》にはたらくことが決《き》まったら、会社《かいしゃ》の人《ひと》はあなたに「労働条件《ろうどうじょうけん》」を文書《ぶんしょ》で示《しめ》します。少《すこ》しむずかしい文書《ぶんしょ》だと思《おも》いますが、お給料《きゅうりょう》のことや仕事《しごと》をする時間《じかん》のことなど、はたらくうえでとてもたいせつなことが書《か》かれていますので、わからないことは質問《しつもん》するなどして、きちんと理解《りかい》をしてからはたらきはじめましょう。

「おかしいな…」と思《おも》ったら

はたらいていると、「あれっ、おかしいな」と思《おも》うことがあるかもしれません。たとえば、やくそくしていた給料《きゅうりょう》よりも少《すく》ない、毎日何《まいにちなん》時間《じかん》も残業《ざんぎょう》させられる、もらえるはずの有《ゆう》給《きゅう》休暇《きゅうか》がもらえない、会社《かいしゃ》の上司《じょうし》や同僚《どうりょう》がイヤがらせをする、全然《ぜんぜん》仕事《しごと》をさせてくれないなどです。

こういうとき、もし、あなたの会社《かいしゃ》に労働組合《ろうどうくみあい》があったら、そこの人《ひと》に相談《そうだん》するとよいです。もし、あなたの会社《かいしゃ》に労働組合《ろうどうくみあい》がなかったり、あってもあなたの相談《そうだん》をしっかり聞《き》いてくれなかったりする場《ば》合《あい》は、仕事《しごと》をさがすときに手助《てだす》けしてくれた人《ひと》たちに相談《そうだん》してみましょう。

「仕事《しごと》をやめたい」と思《おも》ったら

この仕事《しごと》はわたしには合《あ》わない、仕事《しごと》をつづけることがつらい、まわりの人《ひと》たちが「もう少《すこ》しガマンして、がんばりなさい！」っていうのでがんばってみたけどやっぱり苦《くる》しい、というときは、仕事《しごと》をやめてもよいです。イヤになってしまった仕事《しごと》をムリにつづけると、こころやからだが病気《びょうき》になってしまいますので、その前《まえ》に、信頼《しんらい》できる支援者《しえんしゃ》に相談《そうだん》しましょう。

自分《じぶん》から仕事《しごと》をやめたい場合《ばあい》は、1か月《げつ》以上前《いじょうまえ》にいってくださいという規則《きそく》がある会社《かいしゃ》がほとんどです。早《はや》めに相談《そうだん》するようにしましょう。

「雇用《こよう》する期間《きかん》は○月《がつ》○日《にち》までです」というやくそくをしていて、その期限《きげん》がきたときに、あなたがつづけてはたらきたくて、会社《かいしゃ》もつづけてはたらいてほしいと思《おも》うなら、契約更新《けいやくこうしん》をします。

また、期間《きかん》の途中《とちゅう》でも、会社《かいしゃ》から「やめてください」といわれる場合《ばあい》があります。もしあなたがきちんと仕事《しごと》をしているのに、そんなことをいわれたら、すぐに労働組合《ろうどうくみあい》や支援者《しえんしゃ》に相談《そうだん》してください。

仕事《しごと》をやめたあとは

仕事《しごと》をやめてしまうと、なかなか次《つぎ》にすることが決《き》められない場合《ばあい》があります。「はたらく その1」で「就業《しゅうぎょう》・生活《せいかつ》支援《しえん》センター」のことを書《か》きましたが、仕事《しごと》をやめたときも、このセンターに相談《そうだん》に行《い》くといいです。

仕事《しごと》をやめることになったのは、あなたが悪《わる》いからではありません。だれにでも、「むいている仕事《しごと》」と「むいていない仕事《しごと》」があるものですので、やめた仕事《しごと》は「むいていなかった」と思《おも》って、前《まえ》むきに、次《つぎ》にすることを考《かんが》えていきましょう。「その1」で紹介《しょうかい》した「就労移行支援事業所《しゅうろういこうしえんじぎょうしょ》」で、就職《しゅうしょく》に再《さい》チャレンジするための準備《じゅんび》をすることも考《かんが》えてみるといいかもしれませんね。

知《し》っておこう！

最後《さいご》に、一般就労《いっぱんしゅうろう》する人《ひと》に知《し》っておいてもらいたいことばを3つ紹介《しょうかい》します。

①特例子会社《とくれいこがいしゃ》

ハローワークの人《ひと》が、「特例子会社《とくれいこがいしゃ》」というものを紹介《しょうかい》してくれることがあります。特例子会社《とくれいこがいしゃ》は、障害《しょうがい》をもった人《ひと》がたくさんはたらいている会社《かいしゃ》ですので、一般《いっぱん》の企業《きぎょう》よりもはたらきやすい工夫《くふう》がし

会社《かいしゃ》の人《ひと》があなたを「虐待《ぎゃくたい》」している場合《ばあい》は、「市《し》町《ちょう》村《そん》障害者《しょうがいしゃ》虐待防止《ぎゃくたいぼうし》センター」や「都道府県《とどうふけん》障害者《しょうがいしゃ》権利擁護《けんりようご》センター」でも対応《たいおう》してくれることになりました。身近《みぢか》なセンターがどこにあるのか調《しら》べておきましょう。

てあることが多《おお》いです。

② 最低賃金《さいていちんぎん》

一般就労《いっぱんしゅうろう》をした場合《ばあい》は、都道府県《とどうふけん》ごとに決《き》められた最低賃金《さいていちんぎん》（1時間《じかん》あたり七〇〇～八〇〇円《えん》くらい）が保障《ほしょう》されます。原則《げんそく》として、これより給料《きゅうりょう》が安《やす》いということはありませんが、会社《かいしゃ》によっては、特別《とくべつ》な手続《てつづ》きをして、給料《きゅうりょう》を安《やす》くすることがあります。そのときは、会社《かいしゃ》とよく話《はな》し合《あ》って、おたがいに納得《なっとく》できるようにします。

③ 社会保険《しゃかいほけん》

毎月《まいつき》の給料《きゅうりょう》の中《なか》から「社会保険料《しゃかいほけんりょう》」というお金《かね》が差《さ》し引《ひ》かれます。仕事《しごと》を失《うしな》ったり、仕事《しごと》でケガをしたりしたときに使《つか》われるお金《かね》をみんなから集《あつ》めるもので、会社《かいしゃ》もその一部《いちぶ》を払《はら》ってくれますが、自分《じぶん》で支払《しはら》わなくてはいけない分《ぶん》もあります。この額《がく》が多《おお》すぎる場合《ばあい》や、逆《ぎゃく》に月《つき》に20時間以上《じかんいじょう》はたらいているのに全然払《ぜんぜんはら》っていない場合《ばあい》は、労働組合《ろうどうくみあい》の人《ひと》など、だれかくわしい人《ひと》に質問《しつもん》してみましょう。

【はたらく その3】福祉的就労《ふくしてきしゅうろう》

いろいろな作業所《さぎょうしょ》

たんに「作業所《さぎょうしょ》」とよぶことが多《おお》いですが、就労継続支援事業《しゅうろうけいぞくしえんじぎょう》（B型《がた》）、生活介護事業《せいかつかいごじぎょう》、地域活動支援《ちいきかつどうしえん》センターなどいろいろな種類《しゅるい》の作業所《さぎょうしょ》があります。それぞれの作業所《さぎょうしょ》によって、仕事《しごと》の内容《ないよう》、はたらく時間《じかん》、工賃《こうちん》などが異《こと》なります。

はたらくことのできそうな作業所《さぎょうしょ》がいくつかある場合《ばあい》は、見学《けんがく》に行《い》ったり、体験実習《たいけんじっしゅう》をさせてもらったりして、自分《じぶん》が「ここではたらきたい！」と思《おも》える作業所《さぎょうしょ》を選《えら》ぶことがたいせつです。

ただし、作業所《さぎょうしょ》には「定員《ていいん》」がありますので、はたらきたいと思《おも》っても「今《いま》は満員《まんいん》です」と断《ことわ》られてしまうこともあります。その場合《ばあい》は、空《あ》くまで待《ま》つか、ほかの作業所《さぎょうしょ》をさがすことになります。

作業所《さぎょうしょ》ではたらくための3ステップ

ステップ1　まずは相談《そうだん》

作業所《さぎょうしょ》ではたらきたい場合《ばあい》、地域《ちいき》の「障害者相談支援事業所《しょうがいしゃそうだんしえんじぎょうしょ》」に相談《そうだん》します。相談支援事業所《そうだんしえんじぎょうしょ》がどこにあるかわからないときは、市役所《しやくしょ》・町村役場《ちょうそんやくば》の「福祉課《ふくしか》」に行《い》くと教《おし》えてもらえます。相談支援事業所《そうだんしえんじぎょうしょ》には「相談支援専門員《そうだんしえんせんもんいん》」の人《ひと》がいて、いろいろとお手伝《てつだ》いしてくれます。

ステップ2　あなたのことを伝《つた》える

次《つぎ》に、「認定調査員《にんていちょうさいん》」という人《ひと》とお話《はな》しをして、「障害支援区分《しょうがいしえんくぶん》」を決《き》めてもらう必要《ひつよう》があります。また、お医者《いしゃ》さんに「意見書《いけんしょ》」を書《か》いてもらう場合《ばあい》もあります。

この手続《てつづ》きをすることによって、あなたの「障害《しょうがい》支援区分《しえんくぶん》」が決《き》められます。この区分《くぶん》によっては、行《い》きたい作業所《さぎょうしょ》に行《い》けなくなってしまう場合《ばあい》があります。認定調査員《にんていちょうさいん》とお話《はな》しするときは、背伸《せの》びをせずに、ありのままに自分《じぶん》のことを伝《つた》えるようにしましょう。

ステップ3　そして契約《けいやく》

「障害支援区分《しょうがいしえんくぶん》」が決《き》まり、あなたのはたらきたい作業所《さぎょうしょ》が、その区分《くぶん》で使《つか》える種類《しゅるい》の作業所《さぎょうしょ》であれば、「受給者証《じゅきゅうしゃしょう》」がもらえます。受給者証《じゅきゅうしゃしょう》をもらったら、相談支援専門員《そうだんしえんせんもんいん》といっしょに、その内容《ないよう》をよく確認《かくにん》し、「サービス利用計画《りようけいかく》」をつくってもらいます。

　そして、はたらく作業所《さぎょうしょ》を決《き》めて「契約《けいやく》」をします。契約《けいやく》とは、あなたと作業所《さぎょうしょ》の間《あいだ》でのたいせつなやくそくを紙《かみ》に書《か》いて確認《かくにん》し、おたがいに納得《なっとく》したら、名前《なまえ》を書《か》いてハンコを押《お》すことです。ハンコを押《お》したら、おたがいに、そのやくそくをしっかり守《まも》るように努力《どりょく》しなくてはなりません。ちょっとむずかしいことがあるかもしれませんが、契約《けいやく》の内容《ないよう》は、とてもたいせつなことですので、よく理解《りかい》し、納得《なっとく》できるまで、なんどでも質問《しつもん》するようにしましょう。

工賃《こうちん》ってなに？

福祉的就労《ふくしてきしゅうろう》の場合《ばあい》、お給料《きゅうりょう》のことを「工賃《こうちん》」とよぶことが多《おお》いです。作業所《さぎょうしょ》の工賃《こうちん》は、会社《かいしゃ》ではたらく場合《ばあい》とくらべると、とても少《すく》ないです。まったくもらえないという場合《ばあい》もあります。

　これは、作業所《さぎょうしょ》ではたらいている人《ひと》たちを、国《くに》は労働者《ろうどうしゃ》と認《みと》めていないからです。作業所《さぎょうしょ》で、一生懸命《いっしょうけんめい》はたらいているのに、労働者《ろうどうしゃ》と認《みと》めてもらえないのは、おかしなことだと思《おも》いますので、みなさんの意見《いけん》をいろいろな人《ひと》に伝《つた》えていくことがたいせつです。

総合支援法《そうごうしえんほう》ってヘン?

福祉的就労《ふくしてきしゅうろう》のことは、障害者総合支援法《しょうがいしゃそうごうしえんほう》(2012年度《ねんど》までは「自立支援法《じりつしえんほう》」という名前《なまえ》でした) という法律《ほうりつ》で決《き》められています。たとえば、作業所《さぎょうしょ》は仕事《しごと》をする場《ば》なのに、なぜか「利用料《りようりょう》」がかかる場合《ばあい》があります。ほかにも、みなさんがあんしんしてはたらくことがむずかしくなるような、いろいろなおかしなことが決《き》められています。

この法律《ほうりつ》は、みなさんの人権《じんけん》や権利《けんり》を守《まも》る憲法《けんぽう》に違反《いはん》しているということで、裁判《さいばん》がありました。この裁判《さいばん》で、国《くに》は、「この法律《ほうりつ》はおかしいので変《か》えます」というやくそくをしました。しかし、このやくそくは、まだ実行《じっこう》されていません。

もし、みなさんのはたらく作業所《さぎょうしょ》に「自治会《じちかい》」などの、みなさんが自由《じゆう》に自分《じぶん》の意見《いけん》をいえる会《かい》がある場合《ばあい》、その場《ば》で、積極的《せっきょくてき》に意見《いけん》をいって、少《すこ》しでもはたらきやすい作業所《さぎょうしょ》になるようにみんなでがんばりましょう。

みなさんのはたらく作業所《さぎょうしょ》に自治会《じちかい》がない場合《ばあい》は、信頼《しんらい》できる支援者《しえんしゃ》やなかまに声《こえ》をかけて、いっしょに、「自治会《じちかい》をつくる」ところからはじめてみてはいかがでしょうか。

作業所《さぎょうしょ》の「かけもち」

いくつかの作業所《さぎょうしょ》を見学《けんがく》すると、2つの作業所《さぎょうしょ》に行《い》ってみたいと思《おも》うことがあるかもしれません。たとえば、週3日《しゅうみっか》は○作業所《さぎょうしょ》に、週2日《しゅうふつか》は△作業所《さぎょうしょ》に、というふうに、複数《ふくすう》の作業所《さぎょうしょ》を「かけもち」することもできます。一般就労《いっぱんしゅうろう》を「アルバイト」のかたちでしている人《ひと》が、アルバイトのお休《やす》みの日《ひ》には作業所《さぎょうしょ》に通《かよ》う、ということもできるかもしれません。

こういった場合《ばあい》、あなた自身《じしん》も、作業所《さぎょうしょ》の人《ひと》も、しっかり納得《なっとく》して、同意《どうい》することがたいせつですので、相談支援専門員《そうだんしえんせんもんいん》もいっしょに、よく話《はな》し合《あ》いをしましょう。

就労継続支援事業《しゅうろうけいぞくしえんじぎょう》（A型《がた》）

総合支援法《そうごうしえんほう》で定《さだ》められた福祉的就労《ふくしてきしゅうろう》の制度《せいど》のうち、就労継続支援事業《しゅうろうけいぞくしえんじぎょう》（A型《がた》）〈＊A型事業所《がたじぎょうしょ》などとよんでいます〉は、少《すこ》し特別《とくべつ》なしくみです。

A型事業所《がたじぎょうしょ》ではたらく場合《ばあい》は、原則《げんそく》として「雇《こ》用契約《ようけいやく》」をむすびます。雇用契約《こようけいやく》をむすぶということは、「その2」でお伝《つた》えした一般就労《いっぱんしゅうろう》と同《おな》じよう

ワンツースリー

ステップ1
まずは相談
ボク作業所で働きたいです
相談支援専門員
ステップ2
あなたのことを伝える
認定調査員
ひとりでできますか
手伝いが必要です
ステップ3
契約
よく読んでからハンコ
やくそくごと

自治会
もっとたくさん仕事がしたい
工賃が安すぎる
施設長
そうだね 私たちもがんばる。みんなの声を一緒に伝えていきましょう

自治会《じちかい》では、自分《じぶん》の意見《いけん》をしっかりと伝《つた》え、また、他《ほか》の人《ひと》の意見《いけん》をしっかり聞《き》きましょう。自分《じぶん》の意見《いけん》と他《ほか》の人《ひと》の意見《いけん》が違《ちが》う場合《ばあい》もありますが、そういうときに、きちんと「話《はな》し合《あ》い」ができるようになることがたいせつです。

なはたらき方《かた》になるということです。ほかの作業《さぎょう》所《しょ》よりも、大変《たいへん》な仕事《しごと》をたくさんすることになりますが、そのぶん工賃《こうちん》もたくさんもらえる場合《ばあい》が多《おお》いです。

あなたが輝《かがや》く「はたらく」を！

「はたらく」をテーマにいろいろなことをお伝《つた》えしてきました。一般就労《いっぱんしゅうろう》についても、福祉的就労《ふくしてきしゅうろう》についても、はたらく場《ば》はいろいろなものがあります。あなた自身《じしん》に合《あ》った場《ば》、あなた自身《じしん》がはたらきたいと思《おも》う場《ば》を、さがして、選《えら》べるようになるといいですね。

　はたらくことは、人間《にんげん》の生活《せいかつ》にとって、とてもたいせつなことです。はたらいて給料《きゅうりょう》や工賃《こうちん》をたくさんもらえることや、社会《しゃかい》に役立《やくだ》っているって実感《じっかん》することはとてもステキなことです。あなた自身《じしん》が輝《かがや》けるような「はたらく」を追《お》い求《もと》めていってください。

3章
「あそぶ」

【あそぶ その1】

ひとりであそぶ

みなさん、あそんでいますか? 毎日《まいにち》あそんでいるという人《ひと》もいれば、仕事《しごと》が大変《たいへん》であそぶ時間《じかん》もないという人《ひと》もいるでしょう。そこで、この章《しょう》では、「あそび・あそぶ」について考《かんが》えてみます。

おとなだって「あそびたい」

「あそび」といわれると、どこか子《こ》どもっぽいと思《おも》う人《ひと》がいるかもしれません。しかし「あそび」は子《こ》どもだけのものではなく、おとなにとってもたいせつなものです。

たとえば、「あそび・あそぶ」ということばを使《つか》って文章《ぶんしょう》をつくってみましょう。

「ゲームをしてあそぶ」「手《て》があそんでいる」「○○さんにもてあそばれた」…など、さまざまな表現《ひょうげん》が浮《う》かんできます。

では、「あそぶ」を「余暇《よか》」ということばにおきかえてみたらどうでしょうか。

「余暇《よか》」ということばを辞書《じしょ》で調《しら》べると、「余《あま》った暇《ひま》な時間《じかん》。仕事《しごと》の合間《あいま》などの自由《じゆう》に使《つか》える時間《じかん》」という意味《いみ》が出《で》てきます。意味《いみ》のなかで「暇《ひま》」というところではなく、「余《あま》った」や「自由《じゆう》に使《つか》える時《じ》間《かん》」というところに注目《ちゅうもく》すると、「余暇《よか》」には余裕《よゆう》があることがたいせつになります。先《さき》ほどの「ゲームをしてあそぶ」という場合《ばあい》の「あそぶ」は、「ゲームをする」という意味《いみ》ですが、「手《て》があそんでいる」の「あそぶ」は、「手《て》があいている」「手《て》を使《つか》っていない」「ぶらぶらしている」というたとえです。「あそぶ」という表現《ひょうげん》には、時間《じかん》だけではなく、さまざまな余裕《よゆう》があることがふくまれているといえるでしょう。

つまり、「余暇《よか》」は、休《やす》みの日《ひ》や、仕事《しごと》を終《お》えて家《いえ》やグループホームなどに戻《もど》ってすごしている時間《じかん》のことになります。

室内《しつない》でのあそび

休《やす》みの日《ひ》にどんなことをしてあそんでいますか？ ひとりであそぶこともあれば、友《とも》だちとあそぶということもあるでしょう。「趣味《しゅみ》」といった表現《ひょうげん》もありますが、あなたにはどんな趣味《しゅみ》があって、その趣《しゅ》味《み》の時間《じかん》を楽《たの》しんでいますか？　このページでは、ひとりであそぶことに注目《ちゅうもく》します。

　ひとりであそべるものとしては、まずテレビゲームが浮《う》かんでくるでしょう。また、最近《さいきん》ではケータイやスマートフォンのアプリであそんでいるという人《ひと》もいます。ゲームのなかには、むずかしいクイズやからだを使《つか》って運動《うんどう》をするものもあったりするので、どのようなソフトを使《つか》って楽《たの》しむかを考《かんが》えることがたいせつです。しかし、一日中《いちにちじゅう》ゲームをしてすごすというのは、かえってつかれたりすることもあるので、「○時《じ》から○時《じ》まで」と時間《じかん》を決《き》めておくことをおすすめします。インターネットでホームページなどを見《み》て楽《たの》しむときも、あらかじめ時間《じかん》を決《き》めておくとよいでしょう。

　気《き》をつけたいのは、ケータイなどを使《つか》ったゲームやアプリです。自分《じぶん》でも知《し》らない間《あいだ》にお金《かね》がかかっている場合《ばあい》があります。気《き》づいたら、何万円《なんまんえん》、何《なん》十万円《じゅうまんえん》という請求《せいきゅう》をされることもあるので、家族《かぞく》やまわりの職員《しょくいん》とも相談《そうだん》して使《つか》うことが必要《ひつよう》です。

　また、趣味《しゅみ》としてお気《き》に入《い》りのカードを集《あつ》めたり、大好《だいす》きなアーティストの音楽《おんがく》を聴《き》くことも、ひとりであそぶ時間《じかん》にふくまれるでしょう。あそびと趣味《しゅみ》を区別《くべつ》することはむずかしいですが、どんな活《かつ》動《どう》をしてひとりの時間《じかん》をすごすか、生活《せいかつ》するうえではよく考《かんが》えておきたいことです。

外《そと》に出《で》かけてあそぶ

外《そと》に出《で》てひとりであそぶというと、どんなものが浮《う》かんでくるでしょうか。ひとりで公園《こうえん》や遊園地《ゆうえんち》に行《い》ってあそぶということも、ひょっとしたらあるかもしれませんが、子《こ》どもとは違《ちが》ったおとなとしての楽《たの》しみ方《かた》やあそび方《かた》を考《かんが》えてみましょう。

本《ほん》がスキな人《ひと》は、地域《ちいき》の図書館《としょかん》に出《で》かけてみてもいいでしょう。図書館《としょかん》にはたくさん本《ほん》があります。本《ほん》だけでなく、雑誌《ざっし》やマンガ、映画《えいが》のＤＶＤや音楽《おんがく》のＣＤなどをおいているところもあります。図書館《としょかん》の中《なか》で楽《たの》しむこともできますが、利用者手続《りようしゃてつづ》きを行《おこな》って借《か》りることもできますので、近《ちか》くの図書館《としょかん》の利《り》用者《ようしゃ》カードをつくっておくと便利《べんり》です。図書館《としょかん》は、ふつうはお金《かね》がかからないところです。ただし、返《へん》却《きゃく》の期限《きげん》や、たいせつに扱《あつか》うなどのルールをきちんと守《まも》って利用《りよう》することが必要《ひつよう》です。鉄道《てつどう》や車《くるま》といったものが大《だい》スキな人《ひと》には、専門《せんもん》の本《ほん》やＤＶＤもあったりするので、ひとりでも十分楽《じゅうぶんたの》しむことができるでしょう。

それ以外《いがい》にも、街《まち》の中《なか》で行《おこな》われているコンサートやスポーツの観戦《かんせん》なども、ひとりで楽《たの》しむことができることもあります。

なにか目的《もくてき》がなくても、ひとりで自転車《じてんしゃ》や電車《でんしゃ》に乗《の》って出《で》かけてみるとか、ブラブラと街《まち》を歩《ある》いてみるというのもいいかもしれません。「ウィンドウショッピング」ということばがありますが、「見《み》てるだけ」といった、お金《かね》を使《つか》わなくても楽《たの》しめる時間《じかん》のすごし方《かた》もあるでしょう。

「あそぶ」ことの意味《いみ》

ひとりであそぶことについて、どのようなことをするかは自由《じゆう》です。たいせつなことは、あそぶことの意味《いみ》です。最初《さいしょ》に、「あそぶ」には時間《じかん》だけでなく、さまざまな余裕《よゆう》があることがふくまれているといいました。「さまざまな」という部分《ぶぶん》には、「からだ」と「こころ」の余裕《よゆう》という意味《いみ》をふくめています。

「からだ」の余裕《よゆう》というのを、体力《たいりょく》という意味《いみ》で考《かんが》えてみましょう。毎日《まいにち》、仕事《しごと》や作業《さぎょう》で一生懸命《いっしょうけんめい》はたらくと、からだもクタクタになってしまいます。

1章《しょう》の「くらす」で「ねむる」という話《はなし》がありましたが、からだを休《やす》めることはたいせつなことです。休《やす》みの日《ひ》、「あれもしたい」「これもしたい」と

うまい話にはウラがある

おっ!!ラッキー
このサイトは無料でゲームが楽しめるって書いてある!
ん?
このゲームを続けるには当サイトの登録料金が発生します。
次へ
このゲームを続けるには…
ふぅ～あぶない。
高い登録料を取られるところだった。

お休《やす》みの日《ひ》、あなたはなにをしてすごしますか？　家《いえ》でのんびりするのもいいけれど、外《そと》の世界《せかい》もあなたを待《ま》っています。

走《はし》りまわってしまうと、からだは休《やす》むことなく動《うご》きつづけるため、毎日《まいにち》の仕事《しごと》にもつかれが出《で》てしまい、影響《えいきょう》が生《しょう》じます。あえて、休《やす》みの日《ひ》はゆっくりねたり、休《やす》んだりするという、からだの余裕《よゆう》を生《う》むための体力《たいりょく》をつけるすごし方《かた》があってもいいと思《おも》います。

もうひとつは、「こころ」の余裕《よゆう》という意味《いみ》です。仕事《しごと》をするなかでは、つらいことや苦《くる》しいこともあります。そんな気持《きも》ちを切《き》り替《か》えるために、大《だい》スキな趣味《しゅみ》やあそびをすることで、「よし、あしたからもがんばるぞ！」という気持《きも》ちになることがたいせつです。精神的《せいしんてき》な余裕《よゆう》を生《う》みだすことが、なぜあそぶのか、ということの意味《いみ》にもなるでしょう。

からだもこころもリフレッシュさせ、また一日《いちにち》、また一週間《いっしゅうかん》と、それぞれの仕事《しごと》や生活《せいかつ》を送《おく》っていきましょう。

次《つぎ》のページでは、「みんなであそぶ」ということを考《かんが》えます。

【あそぶ　その2】

みんなで あそぶ

みんなでなにしてあそぶ？

学校時代《がっこうじだい》の友《とも》だち、職場《しょくば》の同僚《どうりょう》、なかにはカレシ・カノジョなど、休《やす》みの日《ひ》にだれかとあつまってすごすということがあるかと思《おも》います。さて、みんなとどのようなあそびで、楽《たの》しい時間《じかん》をすごしますか？

室内《しつない》のあそびだと、トランプやテレビゲームなどが浮《う》かぶかもしれません。「トランプなんて古《ふる》い〜」という声《こえ》が若《わか》い人《ひと》から聞《き》こえてきそうですが、今《いま》は「カードゲーム」といういい方《かた》があります。マンガやアニメのキャラクター、歴史物語《れきしものがたり》や戦国武将《せんごくぶしょう》にいたるまで、さまざまな種類《しゅるい》のカードゲームがあります。給料《きゅうりょう》の使《つか》い道《みち》として、そのようなカードをあつめている人《ひと》もいるでしょう。近所《きんじょ》のお店《みせ》や全国規模《ぜんこくきぼ》の大会《たいかい》が行《おこな》われているものもあり、奥《おく》が深《ふか》いあそびという声《こえ》も聞《き》きます。カードゲームは、コミュニケーションの道具《どうぐ》としても、最近注目《さいきんちゅうもく》されています。いつものなかまと楽《たの》しむだけでなく、初《はじ》めて会《あ》った人《ひと》となかよくなるためにも、活用《かつよう》できるからです。

そのほかにも、カラオケに行《い》ったり、ボーリングに行《い》ったりすることもあるでしょう。当然《とうぜん》、お金《かね》が必要《ひつよう》になることもあります。楽《たの》しいからといって、ずっとそれをして楽《たの》しむのではなく、「○時間《じかん》」「○ゲーム（回《かい》）」など区切《くぎ》りをつけて楽《たの》しむことがオススメです。お金《かね》の心配《しんぱい》もありますが、「あともうちょっとやりたいな」というくらいが、「楽《たの》しい時間《じかん》をすごせたこのメンバーでまたあつまろうね」と、次《つぎ》の予定《よてい》をたてることにもつながるかもしれま

みんなでGO

中華料理
女子会
カラオケ
男子会
来月、みんなで一緒にボーリングに行きませんか?

せん。

あつまるだけでも楽《たの》しい!

あそばなくても、みんなであつまって話《はなし》をしたりすることもよいでしょう。「その1」で、こころの余裕《よゆう》を生《う》むためのあそびの意味《いみ》を確認《かくにん》しました。毎《まい》日《にち》、仕事《しごと》や作業《さぎょう》でがんばっていると、どこかで息《いき》ぬきがしたくなります。休《やす》みの日《ひ》にひとりですごすことで息《いき》ぬきになることもあれば、だれかとあそんだり話《はなし》をしたりすることで息《いき》ぬきをするということもあるでしょう。ひとりの時間《じかん》と合《あ》わせて、みんなですごす時間《じかん》がもてるといいですね。

そこで、自宅《じたく》やグループホームに友《とも》だちをまねいて「おしゃべり」をするという人《ひと》がいるかもしれません。雰囲気《ふんいき》を変《か》えて、カフェやファミレスでお茶《ちゃ》を飲《の》みながら、楽《たの》しいひとときをすごすというアイディアもあるでしょう。なかには、「おとなの息《いき》ぬきは飲《の》み会《かい》だ！」と、居酒屋《いざかや》でお酒《さけ》を飲《の》みながらワイワイやろうとするかもしれません（ただしお酒《さけ》は20歳《はたち》からです。飲《の》みすぎには注意《ちゅうい》しましょう）。最《さい》近《きん》はやりの、「女子会《じょしかい》」ならぬ「男子会《だんしかい》」を企画《きかく》したなかまたちもいます。

話《はな》すことは、仕事《しごと》のこと、恋《こい》バナ、楽《たの》しかったことやつらかったことなどさまざまでしょう。だれかにわかってほしい、聞《き》いてほしい、ということもあるでしょう。そういう場《ば》をつくったり参加《さんか》することで、こころのなかをスッキリさせることが、いきいきくらすためにたいせつなのです。

みんなであそぶために必要《ひつよう》なこと

「その1」で「あそぶ」を「余暇《よか》」ということばにおきかえました。余暇《よか》のすごし方《かた》として、みんなであそぶためには、事前《じぜん》の準備《じゅんび》や計画《けいかく》が必要《ひつよう》になります。

たとえば、わたしは休《やす》みの日《ひ》に音楽《おんがく》のバンド活動《かつどう》をすることがあります。「いつ、どこで、何時《なんじ》から」ということを決《き》めたとき、場所《ばしょ》の予約《よやく》やなかまたちへの連絡《れんらく》が必要《ひつよう》になります。人数《にんずう》が多《おお》いと、みんなの予定《よてい》を聞《き》いて、時間《じかん》を調整《ちょうせい》することもあります。また、「どんなことをするか」ということを伝《つた》えておくことも必要《ひつよう》なので、電話《でんわ》をかけたり、メールを送《おく》ったり、チラシをつくって案内《あんない》をだすこともあります。集合場所《しゅうごうばしょ》までの移動《いどう》についても、バス・電車《でんしゃ》だと何分《なんぷん》くらいか、近《ちか》くの駅《えき》はどこかなどを調《しら》べて伝《つた》えることもします。

このように、楽《たの》しむための準備《じゅんび》として、場所《ばしょ》の予《よ》約《やく》のしかた、電話《でんわ》などでの連絡《れんらく》のしかたやお知《し》らせの書《か》き方《かた》など、学校時代《がっこうじだい》に学《まな》んだことが生《い》かせることが、社会生活《しゃかいせいかつ》のなかでは必要《ひつよう》です。「はたらく」の章《しょう》で出《で》てきた、学校卒業後《がっこうそつぎょうご》の「学《まな》びの作業所《さぎょうしょ》」では、これらの経験《けいけん》を学生《がくせい》（利用者《りようしゃ》）たちで行《おこな》うことも多《おお》いです。

バンド活動《かつどう》の場合《ばあい》、楽器《がっき》が演奏《えんそう》できるか、歌《うた》の歌《か》詞《し》を覚《おぼ》えているかなど、楽《たの》しむことを共有《きょうゆう》するためのちからが必要《ひつよう》になることがあります。そこでは、じょうず・へたは関係《かんけい》なく、自分《じぶん》やなかまがどうしたら楽《たの》しめるのか、ひとりひとりが自分《じぶん》ができることを考《かんが》えてあつまってきます。もちろん、みんなであつまる日《ひ》だけでなく、仕事《しごと》や作業《さぎょう》が終《お》わってからこっそり練習《れんしゅう》しているなかま、仕事《しごと》や家《いえ》の手伝《てつだ》いをしているときにCDで聴《き》きながら歌《うた》を練習《れんしゅう》しているなかまもいます。週末《しゅうまつ》にみんなで楽《たの》しむために、それを目標《もくひょう》にがんばってはたらいたり、ひとりひとりの時間《じかん》をうまくすごすことができる。楽《たの》しみがあるからがんばれるのです。

仕事《しごと》や作業《さぎょう》ができることもたいせつですが、目《もく》標《ひょう》をもってなにかに取《と》り組《く》むことができること、ちょっとむずかしいことばですが、「モチベーション」（動機《どうき》づけ）を保《たも》つことも忘《わす》れてはいけません。

さがそう・つくろう・ひろげよう

みんなであそぶ、楽《たの》しい時間《じかん》をともにすごすためにつくられた団体《だんたい》・サークルが自分《じぶん》たちの街《まち》にあるのかどうか調《しら》べてみましょう。昔《むかし》から、「障害者青《しょうがいしゃせい》年学級《ねんがっきゅう》」をつくっている地域《ちいき》があります。地域《ちいき》によって、公民館《こうみんかん》が運営《うんえい》していたり、学校《がっこう》の同窓会《どうそうかい》で実《じっ》施《し》していたりと違《ちが》いがありますが、なかまたちの憩《いこ》いの場《ば》になっています。そのほかにも、同《おな》じ趣味《しゅみ》を

なかま１００人《にん》に聞《き》きました。「みんなでやりたいことは？」。「旅行《りょこう》」と答《こた》えた人《ひと》は７２人《にん》。トップに輝《かがや》きました。みんなで考《かんが》えて、みんなで準備《じゅんび》して、みんなで出《で》かける旅《たび》は格別《かくべつ》ですね。レッツゴー！

もつなかまどうしの会《かい》、カルチャー教室《きょうしつ》、大学公開《だいがくこうかい》講座《こうざ》・オープンカレッジ、スポーツ教室《きょうしつ》やスペシャルオリンピックスの活動《かつどう》など、休《やす》みの日《ひ》にあつまることができる場《ば》が生《う》みだされています。しかし、まだまだその数《かず》は十分《じゅうぶん》ではなく、とても選《えら》べるほどの数《かず》はありません。紹介《しょうかい》したような取《と》り組《く》みが、まったくない地域《ちいき》もあるでしょう。

　たいせつなことは、なかったらつくるという考《かんが》えです。ここで紹介《しょうかい》した「女子会《じょしかい》」「男子会《だんしかい》」ではないですが、身近《みぢか》なところからはじめてみましょう。卒業生《そつぎょうせい》や職場《しょくば》の人《ひと》たちと、いっしょに楽《たの》しむことができる時間《じかん》をつくってみましょう。ときには、「全障研《ぜんしょうけん》の全国大会《ぜんこくたいかい》に行《い》こう」という旅行《りょこう》を計画《けいかく》したり、新年会《しんねんかい》・忘年会《ぼうねんかい》、ビアパーティーやバーベキューなどのレクリエーションを企画《きかく》することで、ひとりまたひとり…とあつまるなかまを増《ふ》やしていきたいですね。

障害児放課後クラブ
指導員のドタバタ日記
てつこのぽけっと
ひだまりこどもクラブ
作：ナガノテツコ.
「近藤君の卒業」の巻
「コラ！近藤！いつまで何やってんだ」
「早く帰りなさい！」
そう言ってくれとせがむ近藤君、高3。もうすぐ卒業。
コラ！近藤！いつまで何やってんだ！早く帰りなさい！
ワーイ
中学の時の先生に怒られた再現遊びばかりしている。
高3になり、職場実習が何日も続いている。
近藤君、実習はどう？楽しい？
○△作業所行きたくないの
「そんな人はもう来なくていいです」
あら怒られちゃったの？
イーー
いつもは怒られて喜んでるのにねぇ
「ふざける人は来なくていいです」
小学校を卒業しても、中学校を卒業しても、いつも変わらずひだまりこどもクラブがあった。
兄弟のように育った友だちもいる。
コラ近藤またお前か
こら近藤またお前か
いつまで遊んでるんだ
遊んでるんだ
先生もう怒ります
先生もう怒ります
このおきまりのやりとりももうできなくなるんだなぁ。
そして卒業。
これはクラブのみんなで書いた色紙だよ。近藤君お仕事がんばってね
?
本当に長い間お世話になりました
お母さん、明日もひだまりクラブね？
明日、ひだまりね？
今日でおしまいなの
○○医院
大丈夫。新しい仲間が迎えてくれるよ。

4章
「お金」

お金《かね》

「お金《かね》がたくさんほしい」「もう少《すこ》し給料《きゅうりょう》が増《ふ》えたらいいのに」「あれもこれもほしい」など、お金《かね》はみなさんにとってとてもたいせつで、願《ねが》いや夢《ゆめ》をかなえるうえで欠《か》くことができないものです。しかし、それだけにお金《かね》の使《つか》い方《かた》をまちがうと、大《おお》きな事件《じけん》や失敗《しっぱい》につながりかねません。買《か》い物《もの》などの日《にち》常《じょう》生活《せいかつ》でお金《かね》を使《つか》うことや、貯金《ちょきん》やお金《かね》の管理《かんり》などについて考《かんが》えてみましょう。

自分《じぶん》のお金《かね》、もっていますか？

会社《かいしゃ》ではたらいている人《ひと》は給料《きゅうりょう》を、作業所《さぎょうしょ》ではたらいている人《ひと》は工賃《こうちん》を、まだはたらいていない人《ひと》はおとうさんやおかあさんからおこづかいとしてお金《かね》をもらっていることでしょう。年金《ねんきん》をもらえるようになっている人《ひと》もいるでしょう。それは自分《じぶん》のお金《かね》です。それをどのように使《つか》い、どのように管理《かんり》するかは基本的《きほんてき》にはあなたの自由《じゆう》ですが、同時《どうじ》に責任《せきにん》がかかってきます。

まず、手元《てもと》にあるお金《かね》の種類《しゅるい》と額《がく》がわかりますか？　お金《かね》の種類《しゅるい》は1万円札《まんえんさつ》、5千円札《せんえんさつ》、2千円札《せんえんさつ》、千円札《せんえんさつ》の紙幣《しへい》と500円《えん》、100円《えん》、50円《えん》、10円《えん》、5円《えん》、1円《えん》の硬貨《こうか》があります。お金《かね》がいくらあるのかわかっていると、買《か》い物《もの》するにも見通《みとお》しがたてやすくなります。

給料《きゅうりょう》や工賃《こうちん》は月単位《つきたんい》で入《はい》りますので、毎月《まいつき》お金《かね》がいくら入《はい》ってくるのかを知《し》っておきましょう。もちろん、年金《ねんきん》や福祉手当《ふくしてあて》など2ヵ月《げつ》に一度《いちど》入《はい》ってくるお金《かね》もありますが、自分《じぶん》の自由《じゆう》になるお金《かね》が1ヵ月《げつ》にいくらぐらいあるのか知《し》っておきましょう。

買《か》い物《もの》は楽《たの》しい

生活《せいかつ》していくうえで買《か》い物《もの》ができるようになることはとてもたいせつです。買《か》い物《もの》には、食《た》べ物《もの》やおやつなどの食料品《しょくりょうひん》から、衣服《いふく》や本《ほん》、文房具《ぶんぼうぐ》、ゲームソフトやCD、携帯《けいたい》やゲーム機《き》といった物《もの》などいろいろあり、金額《きんがく》も少《すく》ない物《もの》から高価《こうか》な物《もの》まであります。

さて、買《か》い物《もの》のしかたですが、たとえば調理《ちょうり》をするための食材《しょくざい》を買《か》うとします。まずなにをつくるのか決《き》めましょう。必要《ひつよう》な食材《しょくざい》をリストアップしてだいたいの予算《よさん》をたてます。その予算《よさん》にもとづいて必要《ひつよう》なお金《かね》を用意《ようい》して買《か》い物《もの》に行《い》きましょう。

買《か》い物《もの》をしたらレジでお金《かね》を払《はら》いますが、その際《さい》レシートをもらって保管《ほかん》しておくと、品物《しなもの》の交換《こうかん》をしたいときや、お金《かね》の管理《かんり》に役立《やくだ》ちます。買《か》い物《もの》がすめば、予算《よさん》と実際《じっさい》にかかった金額《きんがく》と比較《ひかく》することができます。

買《か》い物《もの》はとても楽《たの》しいですし、物《もの》の値段《ねだん》の変化《へんか》や流行《りゅうこう》・ブームなどの社会《しゃかい》の動《うご》きもわかり、生活《せいかつ》をゆたかにすることができます。

また、大《おお》きな買《か》い物《もの》（たとえば、携帯電話《けいたいでんわ》の契約《けいやく》、テレビなど電化製品《でんかせいひん》）をする場合《ばあい》は、自分《じぶん》の自由《じゆう》に使《つか》えるお金《かね》やこれから入《はい》るお金《かね》の見通《みとお》しがきちんとたってから買《か》うようにしましょう。

お金《かね》を自分《じぶん》で管理《かんり》できますか？

自分《じぶん》のお金《かね》は自分《じぶん》で貯金《ちょきん》したり、自由《じゆう》に引《ひ》き出《だ》したりできるようになりましょう。まずは銀行《ぎんこう》や郵便《ゆうびん》局《きょく》で通帳《つうちょう》とキャッシュカードをつくりましょう。口座《こうざ》を開設《かいせつ》するといいます。家族《かぞく》や支援者《しえんしゃ》の協力《きょうりょく》を得《え》て口座開設《こうざかいせつ》の手続《てつづ》き（申請用紙《しんせいようし》に住所《じゅうしょ》や名前《なまえ》などの記入《きにゅう》や印鑑《いんかん》を押《お》すなど）をすると、自分《じぶん》の通帳《つうちょう》ができ、後日《ごじつ》カードが送《おく》られてきます。その際《さい》、４ケタの暗証番号《あんしょうばんごう》を決《き》めないといけません。暗証番号《あんしょうばんごう》は覚《おぼ》えておかないと、カードでお金《かね》を引《ひ》き出《だ》すことができません。銀行《ぎんこう》やコンビニに設置《せっち》されているＡＴＭという機械《きかい》を使《つか》ってお金《かね》を引《ひ》き出《だ》せるようになると、いつでも自由《じゆう》にお金《かね》を出《だ》し入《い》れできますが、管《かん》理《り》もしっかりできないといけません。

毎月《まいつき》の給料《きゅうりょう》や工賃《こうちん》などの収入《しゅうにゅう》と、毎日《まいにち》の食事《しょくじ》や買《か》い物《もの》などで使《つか》った支出《ししゅつ》を、こづかい帳《ちょう》や家計簿《かけいぼ》に記《き》入《にゅう》していきましょう。食事《しょくじ》や買《か》い物《もの》をしたらレシートをもらい、それをノートに貼《は》っていくだけでもいいので、自分《じぶん》でお金《かね》の出入《でい》りがわかるようにしていくといいでしょう。

いらない物《もの》を買《か》わされたり、サラ金《きん》に手《て》をだしたりしないように

突然《とつぜん》に友《とも》だちの名前《なまえ》などを使《つか》って「○○のために資金《しきん》がいります。彼《かれ》のためにお金《かね》をだしてください」といった話《はなし》に乗《の》ってしまってお金《かね》を渡《わた》してしまうことや、家《いえ》に訪問《ほうもん》してきたセールスマンや街頭《がいとう》で声《こえ》をかけられて、断《ことわ》りきれずに買《か》い物《もの》をしてしまうといった事件《じけん》が、けっこう身近《みぢか》に起《お》こります。こうした詐欺商法《さぎしょうほう》に引《ひ》っかかってしまった場合《ばあい》などは、すぐに家族《かぞく》や信頼《しんらい》できる支援者《しえんしゃ》に相談《そうだん》し、決《き》められた手続《てつづ》きをすることで『契約《けいやく》』をなかったことにすることができます。これを「クーリングオフ」といいます。

また、携帯代金《けいたいだいきん》やあそぶお金《かね》を使《つか》いこんで消費者《しょうひしゃ》金融《きんゆう》（サラ金《きん》）に手《て》をだしたりすると、利子《りし》が高《たか》いのでたいへんな目《め》にあうケースもあります。10万円《まんえん》借《か》りても10万円《まんえん》返《かえ》すだけですまなくて、15万円《まんえん》、20万円《まんえん》とふくれ上《あ》がります。こうした失敗《しっぱい》をしないように、絶対《ぜったい》にサラ金《きん》には手《て》をだしたり、契約書類《けいやくしょるい》に署名《しょめい》、押印《おういん》をしないことです。

お金《かね》は生活《せいかつ》するうえで必要《ひつよう》なもの　使《つか》ってこそ価値《かち》があるもの

携帯《けいたい》を自由《じゆう》に使《つか》っている青年《せいねん》に「携帯《けいたい》をもっているとお金《かね》がかかるんだよ」「そのお金《かね》はだれが払《はら》っているか知《し》っている?」と聞《き》いたことがあります。青年《せいねん》はエッという顔《かお》をして「わからない」と答《こた》えました。このように、かかっているお金《かね》を意識《いしき》せずに日常生活《にちじょうせいかつ》を送《おく》っていることもあります。

食《た》べることも、どこかに出《で》かけることも、携帯《けいたい》を

ほしいものはい〜っぱいあるけど…

新作ゲームソフト
3900円
月刊 鉄道好き
1200円
少年マンガ
260円
ほしいもの♡
250円
STOP
ムフフ…
ちょっとまって!!

今月のおこづかいはもう使っちゃったヨ 来月までガマンガマン
おこづかい帳
¥

お金《かね》の管理《かんり》はとてもむずかしい。でも、むずかしいからと、まわりのおとなに全部《ぜんぶ》お任《まか》せ！　では、ずっとわからないままです。自分《じぶん》でできることをひとつひとつやってみて、お金《かね》のたいせつさを知《し》り、使《つか》っていきたいですね。

使《つか》いゲームであそぶことも、生活《せいかつ》することすべてにお金《かね》はかかっています。そのお金《かね》はだれが払《はら》っているのか、自分《じぶん》ではたらいてどこまで払《はら》えるのかを知《し》ることから、お金《かね》はたいせつなものだということを学《まな》びましょう。

お金《かね》があると、楽《たの》しみや夢《ゆめ》がいっぱいひろがります。友《とも》だちとの旅行《りょこう》や食事《しょくじ》、買《か》い物《もの》など、お金《かね》は使《つか》ってこそ価値《かち》があります。その反面《はんめん》、友《とも》だちとのお金《かね》の貸《か》し借《か》りが原因《げんいん》でトラブルになることや、使《つか》いすぎて自分《じぶん》の生活《せいかつ》をくずしてしまう危険性《きけんせい》もひそんでいます。買《か》い物《もの》や貯金《ちょきん》の引《ひ》き出《だ》しなどの経験《けいけん》を通《とお》して、お金《かね》のたいせつさや価値《かち》について考《かんが》えていきましょう。

買《か》い物《もの》にしても、お金《かね》の管理《かんり》にしても、むずかしい場合《ばあい》は、家族《かぞく》や職員《しょくいん》、ヘルパーさんなど、まわりの信頼《しんらい》できるおとなに相談《そうだん》することや支援《しえん》してもらうこともだいじです。

5章
「性と生」

【性《せい》と生《せい》 その1】

からだ

みなさん、「性《せい》」という言葉《ことば》にどんなイメージをもっていますか。いやらしいこと？ エッチなこと？ 恥《は》ずかしいこと？ でも、人間《にんげん》がくらすなかで、「性《せい》」はとてもたいせつなことです。この章《しょう》では、性《せい》と生《せい》（「からだ」と「こころ」と「いのち」）について考《かんが》えます。

たいせつなからだ

最初《さいしょ》に知《し》っておいてほしいことは、あなたのからだは、あなただけのたいせつなものであるということです。だから、他《ほか》の人《ひと》に見《み》せたくないときは見《み》せなくてよいです。さわらせたくないときはさわらせなくてよいのです。もし、あなたが望《のぞ》んでいないのに、だれかが無理《むり》やりあなたのからだをさわろうとしたら、「イヤ！」と大《おお》きな声《こえ》をだし、走《はし》ってその場《ば》から逃《に》げ、すぐに信頼《しんらい》のできる支援者《しえんしゃ》に知《し》らせてください。

あなたのからだは、目《め》も、鼻《はな》も、口《くち》も、手《て》も、足《あし》も、すべての部分《ぶぶん》がとてもたいせつです。その中《なか》でも、性器《せいき》やお尻《しり》、そして女性《じょせい》の胸《むね》（おっぱい）は、特別《とくべつ》にたいせつな部分《ぶぶん》です。これらはプライベートゾーンといって、他《ほか》の人《ひと》に見《み》せたり、さわらせたりしていいのはごく限《かぎ》られた特別《とくべつ》な人《ひと》や場合《ばあい》だけであるということを知《し》っておいてください。

ここでは、プライベートゾーンの中《なか》でもいちばんたいせつな「性器《せいき》」のはたらきについて考《かんが》えてみましょう。性器《せいき》は、男性《だんせい》と女性《じょせい》で形《かたち》が違《ちが》います。そして、男性《だんせい》にも女性《じょせい》にも外性器《がいせいき》（外《そと》から見《み》える性器《せいき》）と内性器《ないせいき》（からだの中《なか》にある性器《せいき》）があります。

男性《だんせい》の性器《せいき》

男性《だんせい》の外性器《がいせいき》の細長《ほそなが》いところをペニスといいます（子《こ》どものころは「おちんちん」などといいます）。ふだんはやわらかいペニスですが、朝起《あさお》きたときやエッチな気持《きも》ちになったときなどには、大《おお》きく固《かた》くなります。これを「勃起《ぼっき》」といいますが、健康《けんこう》な男《だん》性《せい》であれば、ふつうに起《お》こることです。ペニスの下《した》には、「きんたま」が2つ入《はい》った袋《ふくろ》のようなものがぶら下《さ》がっています。この袋《ふくろ》のような部分《ぶぶん》を「陰《いん》のう」といいます。

ペニスからは毎日《まいにち》、オシッコが出《で》ますね。みなさんの中《なか》には、オシッコとは違《ちが》う白《しろ》いネバネバした液《えき》が出《で》たことがある人《ひと》もいるでしょう。白《しろ》いネバネバした液《えき》は精液《せいえき》といいます。オシッコも精液《せいえき》も同《おな》じペニスから出《で》ますが、からだの中《なか》の違《ちが》うところでつくられています。オシッコは、膀胱《ぼうこう》というところから出《で》てきますが、精液《せいえき》は陰《いん》のうの中《なか》にある「精巣《せいそう》」というところから出《で》てきます。精液《せいえき》の中《なか》には、精巣《せいそう》でつくられる精子《せいし》がたくさん入《はい》っています。オシッコと精液《せいえき》は混《ま》ざることはありません。

女性《じょせい》の性器《せいき》

女性《じょせい》の外性器《がいせいき》は少《すこ》し複雑《ふくざつ》です。大陰唇《だいいんしん》、小陰唇《しょういんしん》、尿道口《にょうどうこう》、膣口《ちつこう》などの部分《ぶぶん》があります。一度《いちど》手鏡《てかがみ》を使《つか》って、自分《じぶん》の外性器《がいせいき》を観察《かんさつ》してください。健康《けんこう》なときの様子《ようす》を知《し》っていると、病気《びょうき》になったとき、どこが悪《わる》いのかがわかりやすいです。

尿道口《にょうどうこう》は、オシッコが出《で》る穴《あな》です。膣口《ちつこう》は、月経《げっけい》（生理《せいり》）のときの血《ち》が出《で》る穴《あな》で、赤《あか》ちゃんもここから生《う》まれます。月経血《げっけいけつ》が流《なが》れてくる道《みち》、また、赤《あか》ちゃんの通《とお》り道《みち》になる部分《ぶぶん》を膣《ちつ》といいます。膣《ちつ》のことを英語《えいご》で「ワギナ」（または「ヴァギナ」）といいます（子《こ》どものころは「おちょんちょん」などといいます）。ワギナの後《うし》ろには肛門《こうもん》（ウンコの出《で》る穴《あな》）がありますので、女性《じょせい》の性器《せいき》のまわりには、穴《あな》が3つあることになります。

月経《げっけい》のしくみは覚《おぼ》えていますか？　卵巣《らんそう》の中《なか》にある卵子《らんし》が月《つき》に1つずつ卵管《らんかん》に移動《いどう》します。ここで精子《せいし》と出会《であ》うと妊娠《にんしん》するのですが、妊娠《にんしん》に備《そな》えて赤《あか》ちゃんを育《そだ》てるためのおふとんのようなもの（子宮《しきゅう》内膜《ないまく》）が厚《あつ》くなります。妊娠《にんしん》しなければ、これは必要《ひつよう》なくなりますので、血液《けつえき》などといっしょにはがれ出《で》ていきます。これが月経《げっけい》です。おとなの女性《じょせい》に月経《げっけい》があるのは、赤《あか》ちゃんを産《う》むための準備《じゅんび》としてとてもたいせつなことです。

月経《げっけい》のときの女性《じょせい》は頭《あたま》やお腹《なか》が痛《いた》くなったり、気持《きも》ちがイライラしたりすることもあります。痛《いた》みのきついときは市販《しはん》の鎮痛剤《ちんつうざい》を使用《しよう》します。それでも痛《いた》みがおさまらないときは、婦人科《ふじんか》に通院《つういん》します。すこししんどい気持《きも》ちになってしまう女性《じょせい》も多《おお》いので、優《やさ》しく接《せっ》してあげることがだいじです。

自慰《じい》（マスターベーション）

ペニスをやさしく刺激《しげき》すると、とても気持《きも》ちがよいです。勃起《ぼっき》したペニスをさらに刺激《しげき》すると、どんどん気持《きも》ちがよくなり、射精《しゃせい》します。男性《だんせい》が自分《じぶん》の手《て》などで刺激《しげき》して射精《しゃせい》することを自慰《じい》（マスターベーション）といいます。自分《じぶん》の気持《きも》ちを確《たし》かめながら自慰《じい》をすることができるのは、おとなになった証拠《しょうこ》です。自慰《じい》は決《けっ》して悪《わる》いことではありませんが、3つだけ気《き》をつけてほしいことがあります。

1つ目《め》は、手《て》が汚《よご》れていたり、刺激《しげき》が強《つよ》すぎたりするとたいせつなペニスが傷《きず》ついてしまいますので、清潔《せいけつ》な手《て》で、やさしくふれることです。2つ目《め》は、自慰《じい》は自分《じぶん》だけのプライベートな行動《こうどう》ですので、他《ほか》の人《ひと》のいる場所《ばしょ》ではしないことです。3つ目《め》は、終《お》わったあとは、射精《しゃせい》した精子《せいし》の始末《しまつ》をしっかりし、ペニスをきれいに洗《あら》うことです。

自慰《じい》は男性《だんせい》だけのものだと思《おも》われがちですが、女《じょ》性《せい》がしてもかまいません。気持《きも》ちのよい部分《ぶぶん》（おもにクリトリス）などにふれます。女性《じょせい》の性器《せいき》は、とてもデリケートな場所《ばしょ》ですので、傷《きず》つけないようにていねいに扱《あつか》いましょう。気《き》をつけてほしいことは男性《だんせい》の場合《ばあい》と同《おな》じです。

この3つを守《まも》ることができれば、男性《だんせい》も女性《じょせい》もいくらでも自慰《じい》をしてかまいません。

男性の外性器と内性器

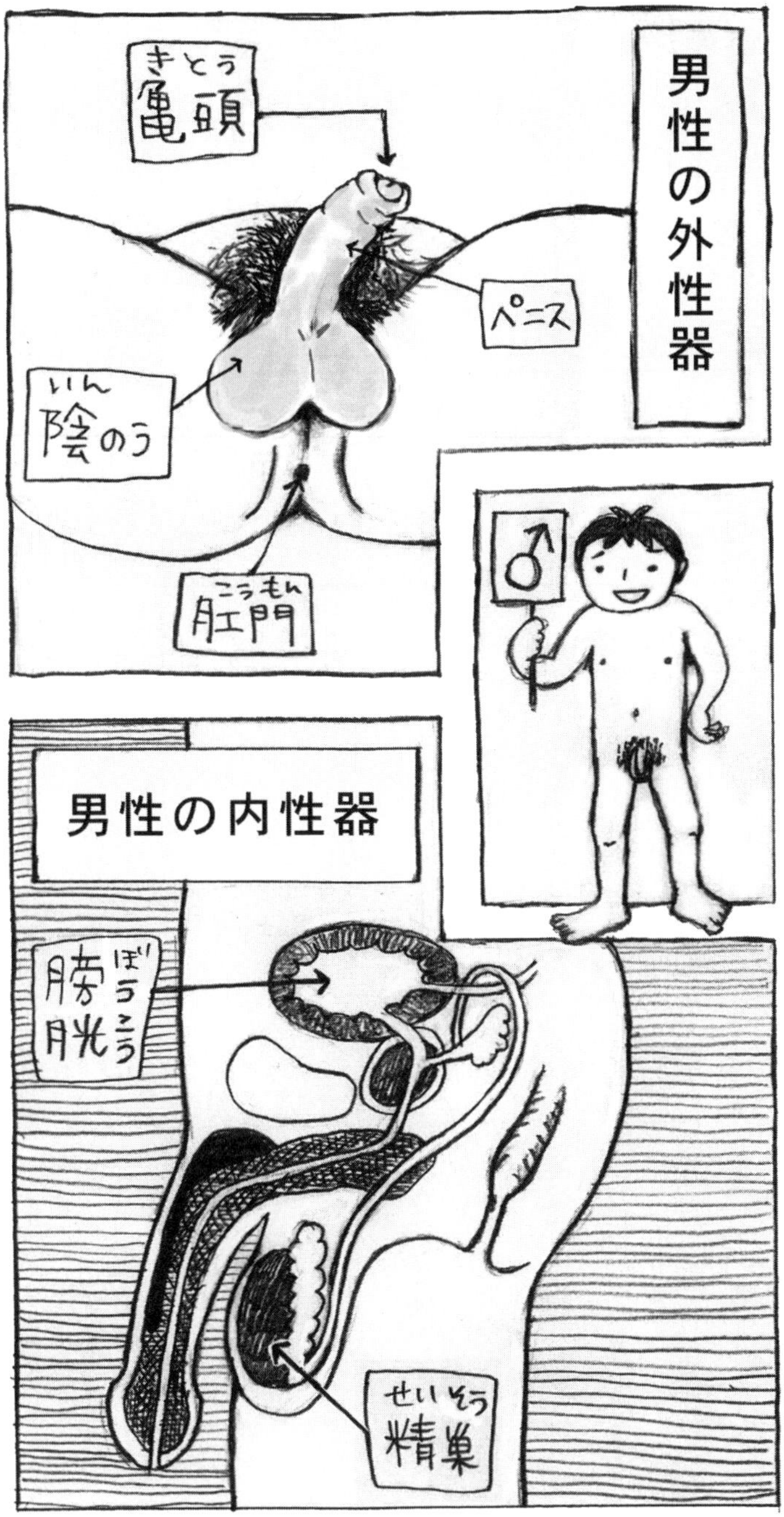

性分化疾患《せいぶんかしっかん》ってなに？

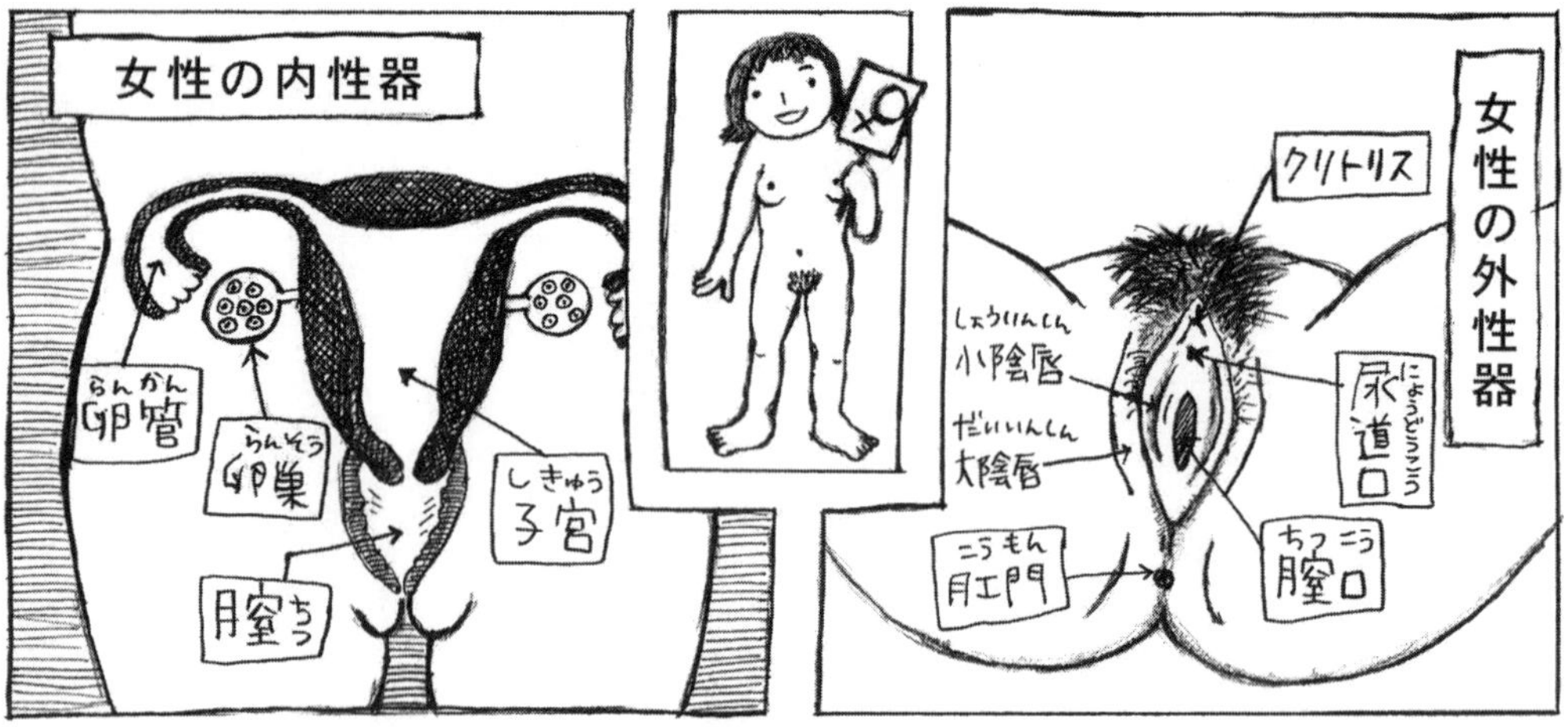
女性の内性器
卵管《らんかん》
卵巣《らんそう》
子宮《しきゅう》
膣《ちつ》
女性の外性器
クリトリス
小陰唇《しょういんしん》
大陰唇《だいいんしん》
尿道口《にょうどうこう》
膣口《ちつこう》
肛門《こうもん》

月経《げっけい》に不安《ふあん》なことがあったり、性器《せいき》に痛《いた》みやかゆみがあったりするときは、恥《は》ずかしがらずに婦人科《ふじんか》に通院《つういん》しましょう。そのときに、どこの部分《ぶぶん》がおかしいのか、きちんと説明《せつめい》できれば、カッコいいおとなの女性《じょせい》の仲間入《なかまい》りです！

性器《せいき》の形《かたち》やはたらきは男性《だんせい》と女性《じょせい》で異《こと》なりますので、性器《せいき》の違《ちが》いで男性《だんせい》か女性《じょせい》かを判断《はんだん》します。生《う》まれたばかりの赤《あか》ちゃんでも、「おちんちんがある」なら男《おとこ》の子《こ》、「おちょんちょんがある」なら女《おんな》の子《こ》と区別《くべつ》できます。

しかし、おかあさんのからだの中《なか》にできたばかりの頃《ころ》は、男《おとこ》の子《こ》も女《おんな》の子《こ》のような性器《せいき》の形《かたち》をしています。これが、おかあさんのからだの中《なか》で成長《せいちょう》していくなかで、それぞれの性器《せいき》の形《かたち》に変化《へんか》していくのですが、この途中《とちゅう》でなんらかのトラブルが発生《はっせい》すると、男性《だんせい》か女性《じょせい》か区別《くべつ》しにくい性器《せいき》になる場合《ばあい》があります。こういった状態《じょうたい》を性分化疾患《せいぶんかしっかん》（インターセックス・半陰陽《はんいんよう》）といいます。

人間《にんげん》は、みんな、男性《だんせい》のからだか女性《じょせい》のからだかのどちらかだと信《しん》じている人《ひと》が多《おお》いですが、それはまちがいです。男性《だんせい》でも女性《じょせい》でもないからだの人《ひと》もいるということを、ぜひ知《し》っておいてください。

【性《せい》と生《せい》　その2】

こころ

【性《せい》と生《せい》】についての「その2」は「こころ」についてです。とくに、恋愛《れんあい》について考《かんが》えていきたいと思《おも》います。自分自身《じぶんじしん》の「こころ」をたいせつに考《かんが》えるのと同時《どうじ》に、あなたがスキな相手《あいて》の人《ひと》の「こころ」についても、同《おな》じようにたいせつに考《かんが》えることができるようになってほしいと思《おも》います。

恋《こい》してますか？　恋《こい》の相手《あいて》は…

みなさんは、恋《こい》をしたことがありますか？　大《だい》スキな人《ひと》のことを思《おも》うと、夜《よる》もねむれないようなワクワク・ドキドキの気持《きも》ちになることを「恋《こい》」といいます。「初恋《はつこい》」は、とても貴重《きちょう》な思《おも》い出《で》になるものです。

男性《だんせい》が恋《こい》する相手《あいて》は女性《じょせい》、女性《じょせい》が恋《こい》する相手《あいて》は男性《だんせい》という場合《ばあい》が多《おお》いです。こういった人《ひと》を異性愛者《いせいあいしゃ》（ヘテロセクシュアル）といいますが、みんなが異《い》性愛者《せいあいしゃ》ではありません。

男性《だんせい》に恋《こい》する男性《だんせい》をゲイといいます。女性《じょせい》に恋《こい》する女性《じょせい》をレズビアンといいます。ゲイやレズビアンの人《ひと》を同性愛者《どうせいあいしゃ》（ホモセクシュアル）といいます。男性《だんせい》にも女性《じょせい》にも恋《こい》する人《ひと》を両性愛者《りょうせいあいしゃ》（バイセクシュアル）、とくに恋《こい》する気持《きも》ちのわかない人《ひと》を無性《むせい》愛者《あいしゃ》（アセクシュアル）といいます。こういった人《ひと》をからかう人《ひと》もいますが、人《ひと》がどんな相手《あいて》をスキになるかは自由《じゆう》ですので、からかうのはおかしいことですね。

恋《こい》をしたら告白《こくはく》してみよう！

大《だい》スキな人《ひと》ができたら、その人《ひと》とたくさんいっしょにいたいという気持《きも》ちになります。デートをした

はじめてのデート

どこか、今日行きたいところ ある？
観たいと思ってる映画があるの
ポッ
コー

り、手《て》をつないだり、キスをしたりする関係《かんけい》になれたらうれしいですよね。そんな相手《あいて》ができたら「つきあってください！」と告白《こくはく》をします。

もし相手《あいて》の人《ひと》も、あなたのことをスキだと思《おも》っていてくれれば、きっと、ステキなおつきあいがはじまります。でも、相手《あいて》の人《ひと》が、あなたとはおつきあいをしたいとは思《おも》わない場合《ばあい》は、断《ことわ》られることになります。恋愛《れんあい》には失恋《しつれん》がつきものです。断《ことわ》られたら、スッパリとあきらめることがたいせつです。あきらめるちからのない人《ひと》は、まだ「おつきあい」を考《かんが》えるのは早《はや》いということですね。

「おつきあい」って？

ところで、「おつきあい」するってどういうことなのでしょうか？　ふたりであそびに行《い》ったり、食事《しょくじ》をしながらお話《はな》ししたり、楽《たの》しい経験《けいけん》がたくさんできるといいですね。でも、おつきあいをはじめたからといって、その相手《あいて》のすべてがあなたのものになるわけではありません。相手《あいて》の人《ひと》にも、あなたにも、仕事《しごと》があったり、別《べつ》の友《とも》だちとの人間関係《にんげんかんけい》があったりします。おたがいの生活《せいかつ》を尊重《そんちょう》しながら、ふたりでいられる時間《じかん》をたいせつにしていきましょう。

おつきあいをはじめたあとでも、だんだん気持《きも》ちが変《か》わってきて、どちらかがおつきあいをやめたいと思《おも》うようになることもあります。このときは、その気持《きも》ちを正直《しょうじき》にいって、おつきあいを終了《しゅうりょう》させます。おつきあいをはじめるときはふたりが納得《なっとく》している必要《ひつよう》がありますが、おつきあいをやめるときはひとりがやめたいと思《おも》ったら、やめることになります。もうひとりはやめたくないと思《おも》っていても、あきらめなくてはなりません。失恋《しつれん》をくりかえすことで、よりよい恋愛《れんあい》ができるようになりますので、たくさん泣《な》いたら、スパッとあきらめましょう。

こころのこもったふれあい

おつきあいをしていると、キスをしたり、抱《だ》きあったりと、おたがいのからだにふれあいたくなることも自然《しぜん》なこころのはたらきです。でも、それは、相手《あいて》のたいせつなたいせつなプライベートゾーンにふれることですので、おたがいに気持《きも》ちをしっかりと確《たし》かめあい、ふたりとも「いいよ」と思《おも》えるようになってからするようにしましょう。もし、どちらかひとりがイヤだと思《おも》っていたり、悩《なや》んでいたりしているときは、「また今度《こんど》」の機会《きかい》にしましょう。

セックスをするときは

おつきあいをするなかで、セックスをしたくなることもあります。セックスをスキな人《ひと》とすることは、おたがいの愛情《あいじょう》を確認《かくにん》することのできる最高《さいこう》のコミュニケーションです。ふたりだけの場所《ばしょ》で、おたがいのプライバシーを守《まも》りながら、そして、ふたりで十分《じゅうぶん》に話《はな》し合《あ》ったうえでするようにしましょう。

セックスをすると妊娠《にんしん》することがあります。結婚《けっこん》をして、赤《あか》ちゃんがほしいなと思《おも》い、そして、赤《あか》ちゃんを育《そだ》てられるちからがついているなという場合《ばあい》を除《のぞ》いて、かならず避妊《ひにん》（赤《あか》ちゃんができないようにすること）をしなくてはなりません。

避妊《ひにん》の方法《ほうほう》はたくさんあるのですが、ここでは2つだけお伝《つた》えします。1つは、コンドームを使《つか》うことです。セックスの際《さい》に、勃起《ぼっき》したペニスをワギナに挿入《そうにゅう》するのですが、その前《まえ》に、ペニスにコンドームをつけます。コンドームをつけるのは少《すこ》しむずかしいので、ふだんから練習《れんしゅう》しておくことが肝心《かんじん》です。コンドームはコンビニやドラッグストアで買《か》うことができます。いろいろな種類《しゅるい》やサイズがありますので、自分《じぶん》に合《あ》うものをさがしておきましょう。

もう1つは、女性《じょせい》が低用量《ていようりょう》ピルというくすりを飲《の》むことです。婦人科《ふじんか》のお医者《いしゃ》さんの指示《しじ》にしたがって毎日飲《まいにちの》むことが必要《ひつよう》ですが、コンドームよりも確《かく》実《じつ》に避妊《ひにん》することができます。

セックスをする際《さい》には、望《のぞ》まない妊娠《にんしん》を避《さ》けるのと同時《どうじ》に、STI（性感染症《せいかんせんしょう》・セックスによって感《かん》染《せん》する病気《びょうき》）を避《さ》けることも重要《じゅうよう》です。ピルではSTIを予防《よぼう》できませんが、コンドームを正《ただ》しく使《つか》うと、STIの感染《かんせん》を減《へ》らすことができます。だから、ピルとコンドームを両方《りょうほう》とも正《ただ》しく使《つか》うことがよいでしょう。

オーラルセックスといって、相手《あいて》の性器《せいき》を口《くち》を使《つか》

コンドームのつけ方
ふくろから出して．
キュッ
少しねじるようにしてつまみ、空気をぬく
やぶれないように爪をたてない
おもて
うら
のせる
ペニス
くるくる～
空気が入らないようにね
くるくる～
キズをつけないように！
ねもとまで、しっかり
ぴったり！
完成

インターネットやスマートフォンを使《つか》える人《ひと》は「You Tube《ユーチューブ》」で「コンドームの正《ただ》しい着《つ》け方《かた》　岩室紳也《いわむろしんや》」と検索《けんさく》してみてください。コンドームの達人《たつじん》の岩室先生《いわむろせんせい》が、わかりやすくコンドームの着《つ》け方《かた》を実演《じつえん》してくれますよ。

って刺激《しげき》することもあります。STIは性器《せいき》だけでなく、のどの粘膜《ねんまく》などにも感染《かんせん》することがありますので、オーラルセックスのときも、コンドームを使《し》用《よう》することがたいせつです。

いろいろな結婚《けっこん》

しばらくおつきあいをして、ふたりでずっといっしょにくらしていきたいなと思《おも》ったときは、「結《けっ》婚《こん》」を考《かんが》えます。結婚《けっこん》は結婚式《けっこんしき》をするだけではありません。ふたりでずっと生活《せいかつ》をしていくことですので、支《ささ》えてくれる人《ひと》も必要《ひつよう》です。法律婚《ほうりつこん》、事実婚《じじつこん》、同性婚《どうせいこん》など、いろいろな結婚《けっこん》のスタイルもありますし、結婚《けっこん》の「お試《ため》し」として同棲《どうせい》を経験《けいけん》するのも1つの方法《ほうほう》です。相手《あいて》とふたりだけで考《かんが》えるのではなく、家族《かぞく》や支援者《しえんしゃ》ともしっかり話《はな》し合《あ》って、どういう結婚生活《けっこんせいかつ》を送《おく》るのがいいのかを、いっしょに考《かんが》えましょう。

【性《せい》と生《せい》 その3】

いのち

「性《せい》と生《せい》」について考《かんが》えるのは、最後《さいご》です。「その2 こころ」の中《なか》で、「セックスをすると妊娠《にんしん》する」ということを書《か》きましたが、今回《こんかい》は、どのように赤《あか》ちゃんができるのか、つまり、どのように新《あたら》しい「いのち」が生《う》まれるのか、くわしく考《かんが》えていきましょう。

いのちの誕生《たんじょう》

歌手《かしゅ》のイルカさんの曲《きょく》で『まあるいいのち』という歌《うた》があります。その歌《うた》の歌詞《かし》にあるように、わたしも、お友《とも》だちも、作業所《さぎょうしょ》のスタッフさんも、そして、あなたも、みんな同《おな》じように、かけがえのない「いのち」を1つずつもっています。新《あたら》しいいのちが生《う》まれるのは、とても大変《たいへん》なことです。だからこそ、わたしたちのいのちは、みんなたいせつなのです。

ここからのお話《はなし》は、63ページと64ページのイラストも見《み》ながら読《よ》んでください。

いのちが誕生《たんじょう》するためには、おとうさんのからだの中《なか》でつくられる精子《せいし》と、おかあさんのからだの中《なか》にいる卵子《らんし》が出会《であ》って、くっついて1つになることが必要《ひつよう》です。卵子《らんし》は、おかあさんのからだの中《なか》にある卵巣《らんそう》というところにあり、排卵《はいらん》といって、だいたい1カ月《げつ》に1つずつ卵管《らんかん》を通《とお》って進《すす》みます。ここで、おとうさんのからだから射精《しゃせい》された精子《せいし》と出会《であ》います。1回《かい》の射精《しゃせい》では何億個《なんおくこ》もの精子《せいし》がだされますが、卵子《らんし》と出会《であ》えるのはたったの1つです。

卵子《らんし》が精子《せいし》と出会《であ》うことを「受精《じゅせい》」といい、受精《じゅせい》した卵子《らんし》を「受精卵《じゅせいらん》」といいます。受精卵《じゅせいらん》は、少《すこ》しずつ成長《せいちょう》しながら、おかあさんのからだの中《なか》にある

「子宮《しきゅう》」というところに進《すす》み着床《ちゃくしょう》します。これで、妊娠《にんしん》が成立《せいりつ》したことになります。

精子《せいし》と卵子《らんし》は　どうやって出会《であ》うの？

セックスをすることによって、おとうさんのからだにある精子《せいし》は、おかあさんのからだにある卵子《らんし》と出会《であ》うことができます。セックスをする際《さい》には、勃《ぼっ》起《き》したペニスをワギナに挿入《そうにゅう》します。このときに射《しゃ》精《せい》をすると、おかあさんの子宮《しきゅう》に精子《せいし》を届《とど》けられるのです。精子《せいし》は、空気《くうき》にふれるとすぐに死《し》んでしまうので、きちんと子宮《しきゅう》の中《なか》まで届《とど》ける必要《ひつよう》があります。そして、精子《せいし》が届《とど》けられたときに、排卵《はいらん》された卵《らん》子《し》が卵管《らんかん》で待《ま》っていると、出会《であ》うことができるのです。

逆《ぎゃく》にいえば、排卵《はいらん》していなかったり、精子《せいし》が子宮《しきゅう》の中《なか》まで届《とど》けられなかったりすれば妊娠《にんしん》はしません。避妊《ひにん》の方法《ほうほう》としてお伝《つた》えした低用量《ていようりょう》ピルは、排卵《はいらん》をしないようにするくすりです。コンドームは、射精《しゃせい》された精子《せいし》をブロックして子宮《しきゅう》に届《とど》かないようにするものです。だから、正《ただ》しく使《つか》えば、避妊《ひにん》ができるのです。赤《あか》ちゃんがほしくないとき、そして、まだ赤《あか》ちゃんを育《そだ》てるちからのないときにセックスをするならば、かならずきちんと避妊《ひにん》してください。

胎児《たいじ》の育《そだ》ち

おかあさんのお腹《なか》の中《なか》にいる赤《あか》ちゃんのことを「胎児《たいじ》」といいます。胎児《たいじ》は、羊水《ようすい》という温《あたた》かく心《ここ》地《ち》よい膜《まく》に包《つつ》まれ、へその緒《お》を通《とお》しておかあさんから栄養分《えいようぶん》を送《おく》ってもらいながら、約《やく》40週間《しゅうかん》かけて成長《せいちょう》していきます。着床《ちゃくしょう》したときの受精卵《じゅせいらん》は、針《はり》の先《さき》っぽくらいの大《おお》きさだったのですが、生《う》まれるまでには身長《しんちょう》50㎝《せんち》くらい、体重《たいじゅう》3㎏《きろ》くらいまで成長《せいちょう》します。

妊娠中《にんしんちゅう》のおかあさんの体調《たいちょう》が悪《わる》くなると、胎児《たいじ》にも影響《えいきょう》が出《で》ることがあります。おかあさんがストレスをためずに生活《せいかつ》できるように、まわりの人《ひと》たちは支《ささ》えてあげます。また、おかあさんがタバコを吸《す》ったり、お酒《さけ》を飲《の》んだりすると、胎児《たいじ》にも影響《えいきょう》が出《で》ることがありますので、妊娠中《にんしんちゅう》は喫煙《きつえん》や飲酒《いんしゅ》をひかえます。まわりの人《ひと》が吸《す》っているタバコの煙《けむり》を吸《す》うこともよくありません。タバコは健康《けんこう》によくないので吸《す》わない方《ほう》がよいですが、とくに、妊娠《にんしん》している人《ひと》の近《ちか》くでは、絶対《ぜったい》に吸《す》わないようにしてください。

妊娠中《にんしんちゅう》のトラブル

妊娠《にんしん》している最中《さいちゅう》には、なんらかのトラブルが発生《はっせい》することがあります。

妊娠《にんしん》を望《のぞ》んでいないのに、避妊《ひにん》をしなかった、あるいは、失敗《しっぱい》したことで妊娠《にんしん》してしまったということもあります。それから、経済的《けいざいてき》な事情《じじょう》などでどうしても赤《あか》ちゃんを産《う》んで育《そだ》てることがむずかしいという場合《ばあい》は、人工妊娠中絶《じんこうにんしんちゅうぜつ》を行《おこな》います。

他《ほか》にも、いろいろなトラブルが発生《はっせい》して、流産《りゅうざん》や死産《しざん》ということになることも少《すく》なくありません。生《う》まれてくるのは本当《ほんとう》に大変《たいへん》なことなのです。

また、妊娠中《にんしんちゅう》や出産《しゅっさん》のときのトラブルによって「障害《しょうがい》」がのこる場合《ばあい》もあります。これを読《よ》んでいるみなさんの中《なか》にも、きっと、妊娠中《にんしんちゅう》や出産《しゅっさん》のときのトラブルで障害《しょうがい》をもつことになった人《ひと》もいるでしょう。それは、みなさんが悪《わる》いわけでも、おかあさんが悪《わる》いわけでもありません。だれもが障害《しょうがい》をもつ可能性《かのうせい》があったということです。

性別《せいべつ》の決定《けってい》

「その1 からだ」で「性分化疾患《せいぶんかしっかん》」のことを書《か》きましたが、通常《つうじょう》は、胎児《たいじ》の遺伝子《いでんし》のはたらきによって男性《だんせい》の性器《せいき》をもつか、女性《じょせい》の性器《せいき》をもつかが決《き》まります。そして、その後《ご》、胎児《たいじ》や生《う》まれた赤《あか》ちゃんのホルモンのはたらきによって、こころの性別《せいべつ》が決《き》まってきます。一般的《いっぱんてき》には、男性《だんせい》のからだをもっている人《ひと》には男性《だんせい》のこころが、女性《じょせい》のからだをもっている人《ひと》には女性《じょせい》のこころが育《そだ》つわけですが、ホルモンのはたらきにトラブルがあって、からだの性別《せいべつ》と

こころの性別《せいべつ》が一致《いっち》しないことがあります。これを「性同一性障害《せいどういっせいしょうがい》」といいます。からだとこころの性《せい》別《べつ》が一致《いっち》しないことで、とても苦《くる》しみながら生《い》きている人《ひと》もたくさんいます。からかうようなことは慎《つつし》みましょう。

たいせつないのちを…

精子を卵子に届ける
勃起したペニスをワギナに挿入し、射精する

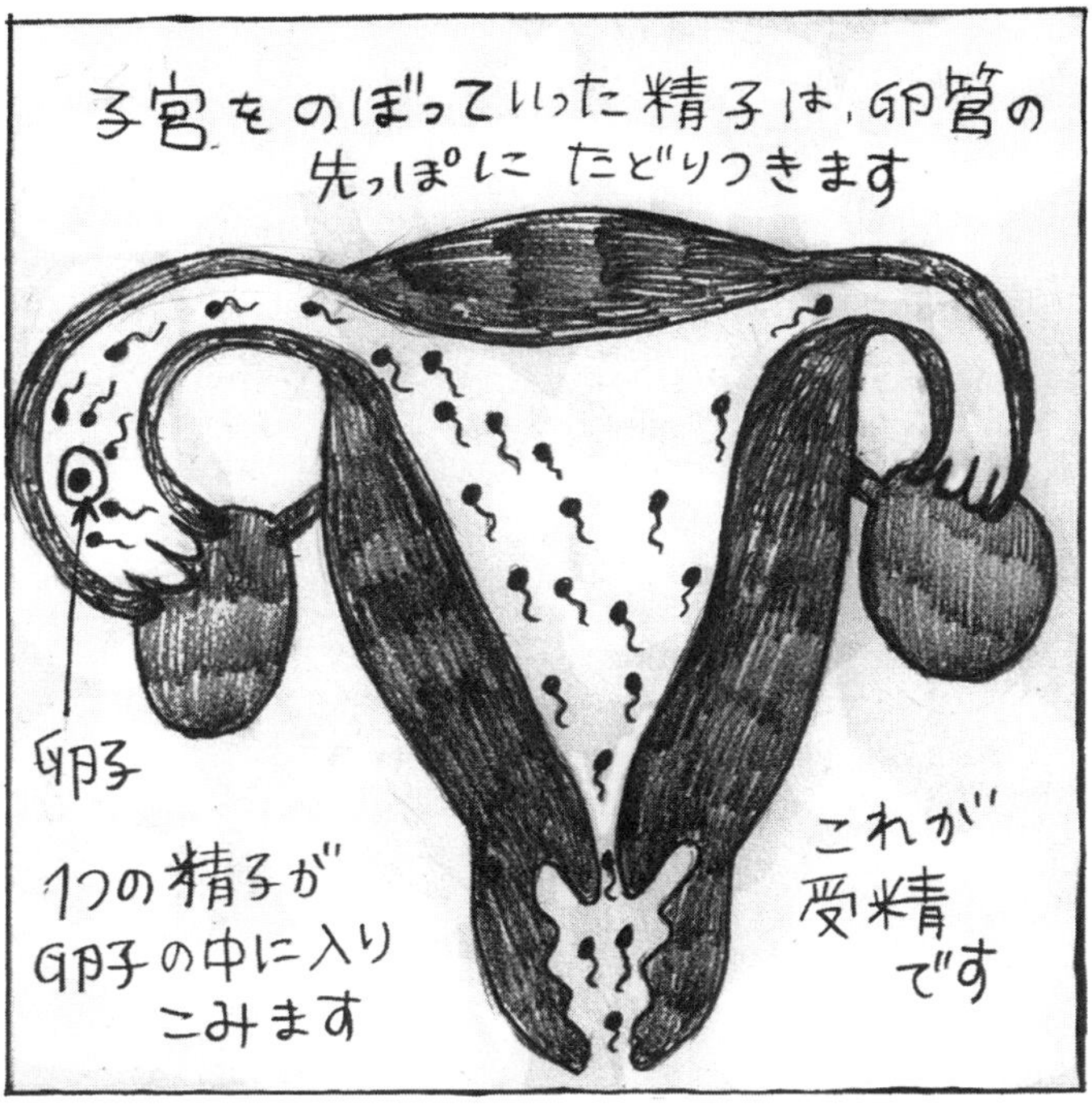
子宮をのぼっていった精子は、卵管の先っぽにたどりつきます
卵子
1つの精子が卵子の中に入りこみます
これが受精です

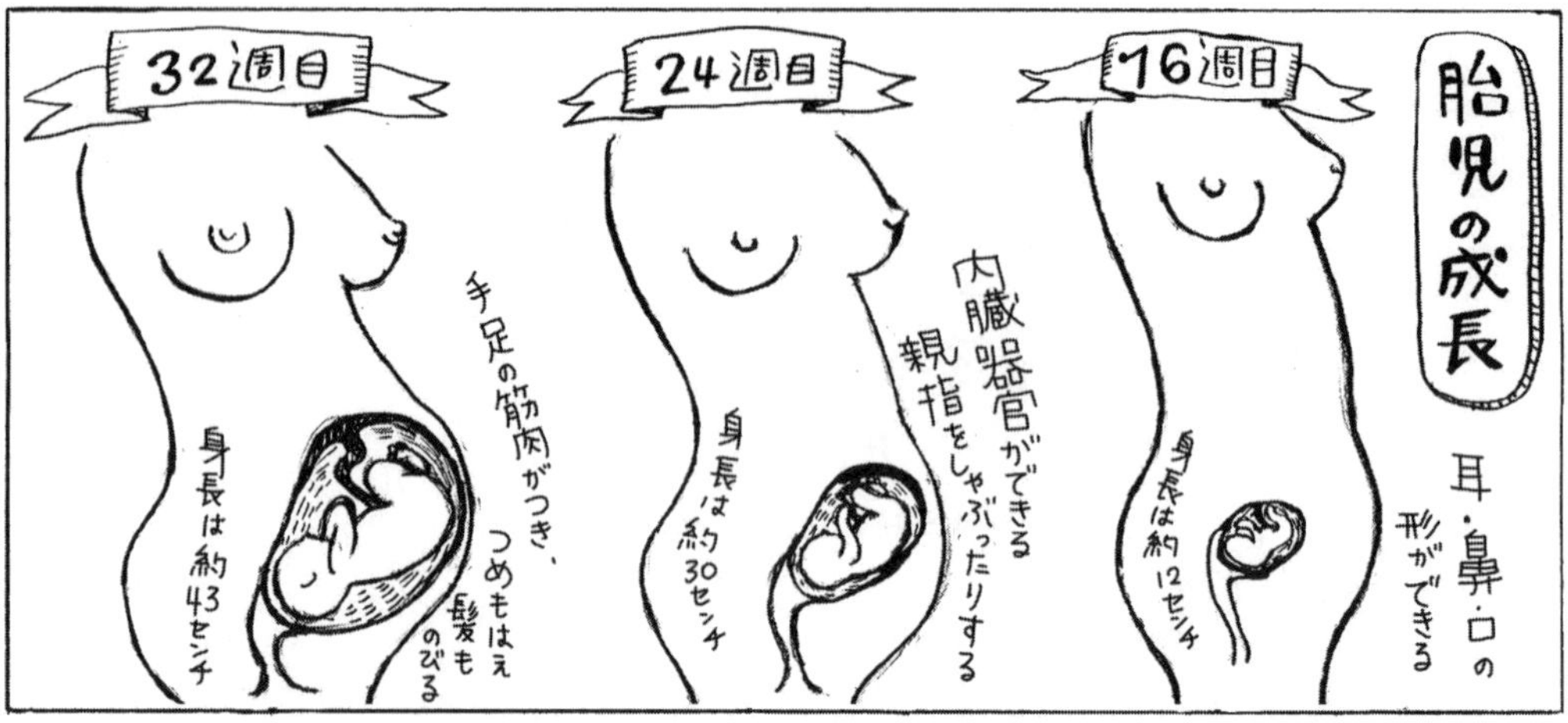
胎児の成長
16週目
耳・鼻・口の形ができる
身長は約12センチ
24週目
内臓器官ができる
親指をしゃぶったりする
身長は約30センチ
32週目
手足の筋肉がつき、
つめもはえ
髪ものびる
身長は約43センチ

「妊娠《にんしん》○週《しゅう》目《め》」は、おかあさんが妊娠《にんしん》する直前《ちょくぜん》にあった月経《げっけい》の初日《しょにち》から数《かぞ》えはじめます。また、「妊娠《にんしん》○ヶ月《げつ》」は、4週間《しゅうかん》を1ヶ月《げつ》と考《かんが》えますので、ふだん使《つか》っているカレンダーとはちょっと異《こと》なります。

出産《しゅっさん》

すこし早《はや》くなったり、遅《おそ》くなったりすることもありますが、生《う》まれる準備《じゅんび》ができた赤《あか》ちゃんは、おかあさんに「そろそろ生《う》まれるよ」と合図《あいず》をおくります。おかあさんは赤《あか》ちゃんを外《そと》にだそうとするときに、子宮《しきゅう》が縮《ちぢ》まり、非常《ひじょう》に強《つよ》い痛《いた》みを感《かん》じます。これを「陣痛《じんつう》」といいます。陣痛《じんつう》は、経験《けいけん》した人《ひと》にしかわからない、ものすごく強烈《きょうれつ》な痛《いた》みとのことです。だから、おかあさんを応援《おうえん》してあげる人《ひと》が必要《ひつよう》です。

赤《あか》ちゃんの生《う》まれたいという気持《きも》ち、おかあさんの産《う》みたいという気持《きも》ち、そして、まわりの人《ひと》たちの応援《おうえん》がそろったとき、お医者《いしゃ》さんや助産師《じょさんし》さんのちからも借《か》りて、赤《あか》ちゃんは誕生《たんじょう》します。

わたしも、あなたも、みんな、こうして、たいせつないのちをもらったからこそ、今《いま》、生《い》きているのです。

障害児放課後クラブ
指導員のドタバタ日記
てつこのぽけっと
ひだまりこどもクラブ
作：ナガノテツコ．
「メグミとヤスシ」の巻
メグミ（高3）は障害が重く、何においても介助が必要。
アア
人が好きで、みんなが集まっていると、
とりあえず参加したい。
アア
ガタン
あっ
メグちゃんっ
ドロドロ
そんなメグミのことが大好きな男、ヤスシ（中3）
メグちゃーん
ヤスシはメグミのすることがいちいちおかしい。
キャッ
グイッ
ギャハハハ
いつもヒザ立ちでいるメグミにとって、
ア
ドンドン
ウッ
ぐーたら気質のヤスシは目線も近い。
たとえ髪を引っぱられても、
ギュー
メグちゃん
涅槃《ねはん》の仏スマイルで応じるヤスシは大物だ。
ヤスシはだれ好きなの？
ヤス、メグちゃんしゅき
あのさ、
ユキオ（小5）。
この二人は結婚したらどっちがごはん作るの？
うーん・・・
ま、いっか、
アーア
ギャハハハ
どっちでも。

障害児放課後クラブ
指導員のドタバタ日記
てつこのぽけっと
作：ナガノテツコ.
「川田君のバスケットボール」の巻
ひだまりこどもクラブ
青年の有志によるスポーツクラブ。
イッチニー サンシー ゴーロク シッチ ハッチ
イッチニー サンシー ゴーロク シッチ ハッチ
一週間に一度集まって汗を流す。
川田君（27才）。
スポーツクラブバスケットボールするよー、川田君バスケットボールするよー
毎回バスケの試合。
5年前の川田君はこんな感じだったけど、
ドリブルしてねー
走ってねー
川田君シュートするよー
ヒョコ
ヒョコ
今は…
ジャンプ
バシィィ
ドリブル
ダダダ
ダダダ
ダダダ
シュート!!
ポーン
確実にシュートを決める。
ピピー
試合終了ー!!
それでは川田君、
結果発表をお願いします
ハァハァ
ハァハァ
川田君、結果発表するよー
25と、22で…25と、22で…
22
25
ナガノチーム
川田チーム
おめでとう!!
おめでとう!
パチパチパチ
パチパチ
ハァー
君が勝ったんだけど
いいんです、ゲームを楽しんだならそれで。

障害児放課後クラブ
指導員のドタバタ日記
てつこのぽけっと
ひだまり こどもクラブ
作：ナガノテツコ。
「青年クラブの山下君」の巻
いつも自転車で現れる、青年クラブの山下君38才。
こんにちはーコマツさーん
小松さん
はーい
こんにちはー 私もいるよー
仕事の帰りだろうか。
青年クラブの行事では誰が担当になるかが重大な関心事。
12月の青年クラブの行事は小松さん来る？来ない？
んーどうかなぁ
ぜひ来てください！
山下君、今度の行事は私が担当になって一緒に行こうか
絶対イヤッ!! 拒否しますっ！
ジョーダンじゃないッ
山下君は小松さんか高橋さんがいいの！
山下君は、若くてかわいいお姉さんと、お化粧の話をするのが好き。
私のなにがいけないのかしら？
へんねー
行事の日。車の中。
山下君は何の仕事してるの？
今は洋服の仕分けをしてる。前は溶接の仕事をした。
以前働いていた会社は溶接をする仕事で、ある日、マスクも手袋もしないまま作業をした山下君は熱された鉄の粉を顔と腕に浴びたのだと。
ギャー！
ビビビビビ
えー!!
それじゃ大やけどじゃないの！大丈夫だったの？
痛かった。病院も行った。
山下君のお母さんの寿命が縮まる？山下君のお母さんが悲しむ？もう二度としてほしくない？
そうだよ山下君のお母さん悲しむよ
山下君のお母さんを悲しませるようなことはしちゃいけないね？
うんうん、山下君が無事でお母さんホッとしてるよ
ともあれ、何よりお目当てのお姉さんとのおしゃべりが一番大事。
夜、顔にパックする？
アイシャドーつけてる？
うん
乳液は？
ファンデーションは？

【おわりに】

障害者権利条約時代の青年期教育を!

『くらしの手帳』を最後までお読みいただき、ありがとうございました。

この本は、全国障害者問題研究会『みんなのねがい』2013年4月号~2014年3月号で連載した「なかまたちへの応援歌~くらしの手帳2013」に加筆・再編したものです。連載当初から、この連載を単行本化し、障害のある青年たちの学び場で教科書として使ってもらえるようにしたいという思いをもっていました。お陰様で、連載中に、本当にたくさんの方々からご好評をいただき、このように単行本化が実現しました。

さて、障害のある青年たちといっしょに学習する機会をもつと、青年たちの学習意欲の強さに驚かされることがあります。同時に、その学びを十分に保障しきれていない学校教育への不満を覚えることもあります。そもそも、ゆっくりと発達をする特徴をもつ方々に、高等部3年間の教育期間では短すぎるという問題があることに加え、「職業教育偏重」といわざるをえないような教育課程がもてはやされているという現状を打破していくことが必要です。

しかし、それには少し長めの時間が必要です。青年期という人生の重要なライフステージは、待ってはくれません。だからこそ、障害のある青年たちの「学び」を保障することを、意図的に、積極的に、そして、「今、できる方法で」実践していくことが望まれます。

２０１４年2月19日、ようやく障害者権利条約が日本でも効力をもつこととなりました。教育について定められた第24条の第5項の条文を引用します。

締約国は、障害者が、差別なしに、かつ、他の者との平等を基礎として、一般的な高等教育、職業訓練、成人教育及び生涯学習を享受することができることを確保する。このため、締約国は、合理的配慮が障害者に提供されることを確保する。

この条文は、教育権・学習権は、義務教育や後期中等教育だけにとどまらず、高等教育や青年期・成人期における生涯学習などについても、障害のある人に保障されなくてはならないということを示しています。障害者権利条約を批准した国にふさわしい、障害のある青年に向けた「青年期教育」を今こそ、追求していきたいと思います。この『くらしの手帳』は、その第一歩なのです。

最後になりますが、ワガママな注文を聞き入れステキなイラストを描いてくださった永野徹子さん、限りなく「無茶ぶり」ともいえる執筆依頼に快く応えてくれた佐藤さと子さん、國本真吾さん、河南勝さん、そして、この本の実現のために長期間に渡りコツコツとコーディネートを続けてくれた全国障害者問題研究会出版部の新井田恵子さんに、この場を借りて、お礼申し上げます。ありがとうございました。

執筆者を代表して　伊藤修毅

〈執筆者紹介〉

いとうなおき ‥‥「はたらく」「性と生」

伊藤修毅（日本福祉大学子ども発達学部准教授）

北海道の高等養護学校に９年間勤めた後、大学院で高等部の職業教育や障害者の就労支援の研究をし、2012年より現職。“人間と性”教育研究協議会障害児・者サークル代表。全国各地で障害児者の性と生や労働にかかわる講演をしている。趣味は旅行。

さとうさとこ ‥‥「くらす」

佐藤さと子（ゆたか希望の家副所長）

大学で社会福祉を学び、名古屋のゆたか福祉会へ就職。2006年より現職。作業所で14年、グループホームで１年、入所施設で８年、成人期障害者の仕事、日中活動、くらしを支え続けている。開所して34年になる中で、知的障害者の高齢化の問題に向き合う日々。趣味は電車で行く旅行と映画鑑賞。

くにもとしんご ‥‥「あそぶ」

國本真吾（鳥取短期大学幼児教育保育学科准教授）

2002年より現職。障害者青年学級や特別支援学校高等部専攻科などでの、学校教育修了後の学習権保障について研究。実践では「オープンカレッジ in 鳥取」で生涯学習の取り組みを行っている。趣味は音楽演奏（シンセサイザー）。地元・鳥取の障害青年たちと沖縄音楽の活動で楽しむ。

かんなんまさる ‥‥「お金」

河南勝（エコール KOBE 学園長）

1975年より上野ケ原養護学校、阪神養護学校、神戸特別支援学校と高等部のみ32年間勤務。最後の４年間は進路指導部長を経験。2011年、福祉事業型「専攻科」エコール KOBE を立ち上げ、同年４月より現職。趣味はマラソン。

ナガノテツコ ‥‥ カバーデザイン・イラスト・マンガ

永野徹子（イラストレーター）

大学では版画を専攻。障害児の放課後活動「ゆうやけ子どもクラブ」に３年間勤める。その後、絵画造形教室を主宰。障害のある子もない子も自由なモノ作りができる空間作りを行う。現在は放課後活動にもたずさわりながら、フリーのイラストレーター・造形作家として活動。趣味はペットの観察記録を４コママンガにすること。

くらしの手帳――おとなとしてゆたかに生きるために

2014年６月20日　初版　第１刷発行　　＊定価はカバーに表示してあります
2021年３月20日　　　　第６刷発行

編者　『みんなのねがい』編集部
発行所　全国障害者問題研究会出版部
169-0051　東京都新宿区西早稲田 2-15-10　西早稲田関口ビル 4F
TEL. 03-5285-2601　FAX. 03-5285-2603　http://www.nginet.or.jp/
印刷所　モリモト印刷株式会社

 ISBN978-4-88134-265-7